Michael Kunz
Dressurlektionen von A bis L

Dressurlektionen von A bis L

Fehler erkennen – Fehler korrigieren

von Michael Kunz

Copyright © 2006 by Cadmos Verlag, Brunsbek
Gestaltung: Ravenstein + Partner, Verden
Fotos: Christiane Slawik
Zeichnungen: Maria Mähler
Druck: Westermann Druck, Zwickau

Alle Rechte vorbehalten.

Abdrucke oder Speicherung in elektronischen Medien
nur nach vorheriger schriftlicher Genehmigung durch
den Verlag.

Printed in Germany

ISBN 3-86127-428-0

Inhalt

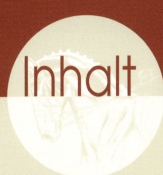

Einleitung 11

1. Ganze Parade zum Halten 15

Voraussetzungen 16
Reiterliche Voraussetzungen 16
Voraussetzungen des Pferdes 17

Durchführung 17
Vorbereitende Übungen 17
Vorbereitung der Lektion 17
Hilfengebung 18
Abschluss der Lektion 19
Bewertung 20
Kritische Momente 20
Erreichbarer Schwierigkeitsgrad 20

Fehler und Korrekturen 20
Ausfallende Parade 20
Pferd ist in sich schief 21
Pferd kommt auf die Vorhand 21
Zurücktreten oder Vortreten 22
Ruhen 23
Kopfschlagen 24
Unruhiges Stehen 25

Bemerkungen 25

2. Vorhandwendung 27

Voraussetzungen 30
Reiterliche Voraussetzungen 30
Voraussetzungen des Pferdes 30

Durchführung 30
Vorbereitende Übungen 30
Vorbereitung der Lektion 31
Hilfengebung 31
Abschluss der Lektion 31
Bewertung 32
Kritische Momente 32
Erreichbarer Schwierigkeitsgrad 32

Fehler und Korrekturen 33
Schließen 33
Wendung um die Mittelhand 34
Ausfallen über die Schulter 34
Zurücktreten oder Vortreten 34

Bemerkungen 34

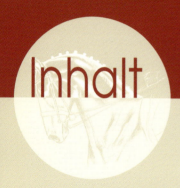

Inhalt

3. Schenkelweichen 37

Voraussetzungen 39
- Reiterliche Voraussetzungen 39
- Voraussetzungen des Pferdes 39

Durchführung 40
- Vorbereitende Übungen 40
- Vorbereitung der Lektion 40
- Hilfengebung 40
- Abschluss der Lektion 41
- Bewertung 41
- Kritische Momente 41
- Erreichbarer Schwierigkeitsgrad 42

Fehler und Korrekturen 42
- Pferd ist überstellt 42
- Ausfallen über die Schulter 43
- Zu weit herein gerichtete Hinterhand ...45

Bemerkungen 45

4. Übertreten 47

Voraussetzungen 49
- Reiterliche Voraussetzungen 49
- Voraussetzungen des Pferdes 49

Durchführung 50
- Vorbereitende Übungen 50
- Vorbereitung der Lektion 50
- Hilfengebung 51
- Abschluss der Lektion 51
- Bewertung 51
- Kritische Momente 51
- Erreichbarer Schwierigkeitsgrad 52

Fehler und Korrekturen 52
- Ausfallen über die Schulter 52
- Hinterhand kommt voraus 52
- Zu wenig Übertritt 54
- Linie nicht beachtet 54

Bemerkungen 54

5. Reiten in Stellung 57

Voraussetzungen 59
- Reiterliche Voraussetzungen 59
- Voraussetzungen des Pferdes 59

Durchführung 59
- Vorbereitende Übungen 59
- Vorbereitung der Lektion 60
- Hilfengebung 60
- Abschluss der Lektion 60
- Bewertung 60
- Kritische Momente 61
- Erreichbarer Schwierigkeitsgrad 61

Fehler und Korrekturen 61
- Verwerfen im Genick 61
- Verwerfen im Hals 61
- Ausfallen über die Schulter 65
- Falscher Knick 66
- Zungenfehler 68

Bemerkungen 69

6. Kurzkehrtwendung 71

Voraussetzungen 73
- Reiterliche Voraussetzungen 73
- Voraussetzungen des Pferdes 73

Durchführung 74
- Vorbereitende Übungen 74
- Vorbereitung der Lektion 74
- Hilfengebung 75
- Abschluss der Lektion 75
- Bewertung 76
- Kritische Momente 76
- Erreichbarer Schwierigkeitsgrad 76

Fehler und Korrekturen 76
- Unzweckmäßige Paraden 76
- Schließen 77
- Wendung um die Mittelhand 77
- Verschränken 79
- Taktfehler 79

Bemerkungen 80

Inhalt

7. Hinterhandwendung 83

Voraussetzungen 86
Reiterliche Voraussetzungen 86
Voraussetzungen des Pferdes 86

Durchführung 86
Vorbereitende Übungen 86
Vorbereitung der Lektion 87
Hilfengebung 87
Abschluss der Lektion 88
Bewertung 88
Kritische Momente 89
Erreichbarer Schwierigkeitsgrad 89

Fehler und Korrekturen 89
Schließen 89
Wendung um die Mittelhand 90
Verschränken 90
Übertreten der Hinterbeine 92
Zurücktreten oder Vortreten 92

Bemerkungen 92

8. Rückwärtsrichten 95

Voraussetzungen 97
Reiterliche Voraussetzungen 97
Voraussetzungen des Pferdes 97

Durchführung 97
Vorbereitende Übungen 97
Vorbereitung der Lektion 98
Hilfengebung 98
Abschluss der Lektion 99
Bewertung 99
Kritische Momente 100
Erreichbarer Schwierigkeitsgrad 100

Fehler und Korrekturen 100
Seitliches Ausweichen 100
Zurückeilen oder Zurückkriechen 102
Fehlerhafte Fußfolge 104
Verweigern oder Steigen 104

Bemerkungen 105

9. Einfacher Galoppwechsel 107

Voraussetzungen 109
- Reiterliche Voraussetzungen 109
- Voraussetzungen des Pferdes 109

Durchführung 109
- Vorbereitende Übungen 109
- Vorbereitung der Lektion 110
- Hilfengebung 110
- Abschluss der Lektion 110
- Bewertung 111
- Kritische Momente 111
- Erreichbarer Schwierigkeitsgrad 111

Fehler und Korrekturen 111
- Unsaubere Übergänge 111
- Ausfallen 112
- Schrittfehler 112
- Falsches Angaloppieren 114
- Schiefes Angaloppieren 114

Bemerkungen 114

10. Außengalopp 117

Voraussetzungen 119
- Reiterliche Voraussetzungen 119
- Voraussetzungen des Pferdes 119

Durchführung 120
- Vorbereitende Übungen 120
- Vorbereitung der Lektion 120
- Hilfengebung 120
- Abschluss der Lektion 120
- Bewertung 121
- Kritische Momente 121
- Erreichbarer Schwierigkeitsgrad 121

Fehler und Korrekturen 121
- Umspringen 121
- Ausfallen über die äußere Schulter 123
- Arbeitsverweigerung 124

Bemerkungen 124

Literatur 127

Einleitung

Jeder Reiter weiß: Für eine misslungene Lektion ist nur selten das Pferd verantwortlich. Meist liegt es an mangelnder Vorbereitung oder einer unpräzisen Hilfengebung, wenn das Pferd schief zum Stehen kommt, sich beim Übertreten verwirft oder beim einfachen Galoppwechsel ausfällt. Generelle Probleme in der Ausbildung des Pferdes sind oft die Folge.

Viele Reiter, denen ich in meiner langjährigen Tätigkeit als Berufsreitlehrer und Dressurausbilder begegnet bin, wissen es nicht besser. Ihnen fehlt ein fundiertes Hintergrundwissen zu Aufbau und Funktion einer Übung, sie können Lektionen nur nach ihrer äußeren Form beschreiben.

Das vorliegende Buch möchte dies ändern: Dressurreiter auf dem Leistungsstand von Klasse A bis L finden hier ausführliche Beschreibungen der wichtigsten Lektionen, die in den Dressuraufgaben der Deutschen Reiterlichen Vereinigung ab Klasse A gefordert werden. Die detaillierten Darstellungen zur korrekten Ausführung sollen dem Leser ein tieferes theoretisches Verständnis vermitteln und auf dieser Basis zugleich Anleitung zur praktischen Umsetzung sein.

Keine Übung der klassischen Dressur steht für sich: Jede Lektion ist Mittel zum Zweck, baut auf anderen, zuvor trainierten Übungen auf und dient ihrerseits als Vorbereitung der weiteren Ausbildung. Lektionen sind so als Werkzeuge zu verstehen, die ähnlich denen eines Handwerkers für bestimmte Aufgaben herangezogen werden können. Jede Lektion setzt dabei Schwerpunkte, mit deren Hilfe zur gezielten Weiterbildung, aber auch zur Korrektur auf das Pferd eingewirkt werden kann. Das Ziel ist ein gut gymnastiziertes Pferd, das sich in Harmonie mit seinem Reiter ausbalanciert, geradegerichtet, durchlässig, kraftvoll und in schöner Selbsthaltung präsentiert.

Ich werde in diesem Buch nicht auf Fehler ein gehen, die bei mangelhafter Grundausbildung von Reiter und Pferd zwangsläufig entstehen. Das Beherrschen der reiterlichen Grundlagen – ein losgelassener, korrekter Dressursitz, die grundsätzlich richtige Hilfengebung und ein gut entwickeltes Sitzgefühl – ist ebenso selbstverständliche Voraussetzung für die weiterführende Dressurausbildung im Turnier- und Freizeitbereich wie ein durchlässiges und aufgrund systematischer Schulung entsprechend vorbereitetes Pferd. Fehler hingegen, die typisch für die jeweils beschriebene Lektion sind, die aus verschiedenen Gründen bei der Erarbeitung immer wieder auftreten, werden in diesem Buch intensiv besprochen und direkt verbunden mit Anleitungen zu ihrer Korrektur.

Da sich manche Lektionen in Vorbereitung, Ausführung und Fehlerkorrektur ähneln, lassen sich Wiederholungen nicht immer vermeiden – sie sind sogar durchaus gewünscht, um die engen Zusammenhänge zwischen den Lektionen deutlich werden zu lassen. Darüber hinaus war es mir wichtig, jede Lektion sehr genau und vollständig zu beschreiben, um dem Leser umständliche Verweise auf andere Abschnitte und damit ein Hin- und Herblättern zu ersparen.

Ausdrücklich distanziere ich mich von Ausbildungsmethoden, die die physiologischen Voraussetzungen und psychischen Grundbedürfnisse des Pferdes missachten, die mit tierschutzwidrigen Hilfsmitteln und in einer Art Schnellverfahren vermeintlich kunstvolle Bewegungen zutage zu fördern versuchen. Respekt und Demut vor dem Pferd müssen im Verlaufe der gesamten Ausbildung immer an oberster Stelle stehen und belohnen den Reiter, der den vielleicht etwas längeren Weg einer wirklich klassischen Ausbildung geht, mit einem leistungsbereiten, auf feinste Hilfen reagierenden und dauerhaft gesunden Sportpartner.

Michael Kunz, Januar 2006

1. Ganze Parade zum Halten

Die ganze Parade ist richtig ausgeführt, wenn die Vorwärtsbewegung des Pferdes geschmeidig aufgefangen wird und dabei die Hinterbeine bei erhöhter Lastaufnahme gleichmäßig in Richtung unter den Körperschwerpunkt fußen, bis das Pferd zum Halten kommt und geschlossen, in guter Aufrichtung am Gebiss kauend, Aufstellung nimmt. Dabei steht es gerade gerichtet, auf vier gleichmäßig belasteten Beinen ausbalanciert und unbeweglich.

Eine ganze Parade setzt sich aus mehreren aufeinander folgenden halben Paraden zusammen, die an beiden Zügeln so lange wiederholt und von Gewichts- und Schenkelhilfen unterstützt werden, bis das Pferd steht. Die ganze Parade führt also immer zum Halten. Von der Qualität der Aufstellung hängt ganz entscheidend die Qualität der Lektionen ab, die anschließend aus dem Halten entwickelt werden.

> Die ganzen Paraden helfen, die Durchlässigkeit und Versammlungsfähigkeit des Pferdes zu verbessern und dem Reiter den Sinn und die Auswirkungen seiner richtig gegebenen Hilfen deutlich vor Augen zu führen.

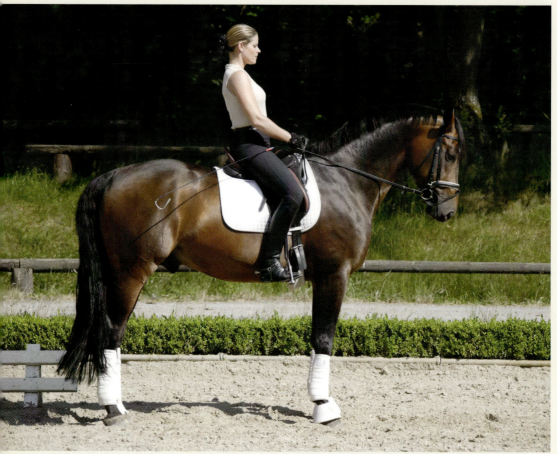

Das Pferd steht geschlossen und ausbalanciert, alle vier Beine werden gleichmäßig belastet.

Je nach Versammlungsgrad und Dauer des Haltens stärkt die Übung nicht nur die Muskulatur der Hanken und des Oberhalses, die dem Pferd seine Aufrichtung ermöglicht, sondern auch die Rückenmuskulatur, mit deren Hilfe das Pferd die Last des Reiters schmerzfrei tragen kann. Das regungslose Verharren über einen längeren Zeitraum mit vier Beinen auf kleinem Raum schult das Gleichgewichtsgefühl und festigt auch das Vertrauen in den still sitzenden Reiter.

Voraussetzungen

Reiterliche Voraussetzungen

Theoretische Grundlagen
- Der Reiter hat sich in der Theorie mit der Ausführung und Auswirkung halber Paraden auseinander gesetzt.

- Er verfügt über Grundkenntnisse in der Anatomie des Pferdes, um den Kraft- und Energieaufwand des Pferdes bei dieser Lektion richtig einzuschätzen.
- Aus seinem Sitzgefühl heraus kann der Reiter Stütz-, Schwebe- und Beugephase bereits auseinander halten.

Sitz
- Der Oberkörper ruht gerade, aufrecht und gleichmäßig zu je einem Drittel auf den beiden Gesäßknochen und dem Spalt und kann bei Widerstand des Pferdes der Reiterhand eine genügende Stabilität bieten.
- Die vom Steigbügel unabhängigen Schenkel und entspannte Knie können das Maß treibender Hilfen genau dosieren.

Voraussetzungen des Pferdes

Physiologische Grundlagen
- Das Pferd ist in sich gerade gerichtet.
- Die Hankenmuskulatur ist ausreichend locker.
- Die Mittelhand ist so weit gestärkt, dass Rücken, Gelenke, Sehnen und Bänder Gewicht aufnehmen können, ohne dabei geschädigt zu werden.

Rittigkeit
- Das Pferd bringt den nötigen Willen zur Mitarbeit mit.
- Es bleibt konstant vor den Reiterschenkeln und lässt die treibenden Hilfen durch.
- Halbe Paraden werden zuverlässig beachtet und mit großer Durchlässigkeit angenommen.

Durchführung

Vorbereitende Übungen

Der Übergang zum Halten darf nicht abrupt zum Stillstand führen – deshalb ist der Phase zwischen Einleitung und Ausführung besondere Aufmerksamkeit zu widmen. Da es im Grunde um nichts anderes geht als darum die Bewegungsabläufe einer Gangart so lange zu verkürzen, bis nichts mehr von ihnen übrig ist, sind alle Übergänge, die unter diesem Aspekt beurteilt und geritten werden, zur Vorbereitung geeignet. Dazu gehören Übergänge vom Trab zum Schritt, vom Galopp zum Trab, vom Galopp zum Schritt sowie Übergänge innerhalb einer Gangart, wie zum Beispiel vom Mittelgalopp zum versammelten Galopp.

Vorbereitung der Lektion

Um ein Pferd vor einer Lektion aufmerksam zu machen und auf die folgende Einwirkung vorzubereiten, wird man nach der klassischen Lehre eigentlich immer halbe Paraden nutzen. Hier allerdings werden die halben Paraden zum Bestandteil der Lektion selbst und führen in ihrer Summe direkt zum Halten. Insofern besteht die Vorbereitung des Pferdes in nichts anderem als der Sicherstellung von Kaubewegung und Aufrichtung, zusammen mit allen Einwirkungen, mit deren Hilfe das Pferd in sich gerade und stabil bleibt.

Die ganze Parade zum Halten kann grundsätzlich aus jeder Gangart und jedem Gangmaß an jedem Punkt der Bahn geritten werden. Je geringer das Tempo, umso leichter ist sie jedoch vom Pferd auszuführen.

Hilfengebung

Um den parierenden Zügelfäusten den nötigen Gegenhalt zu verschaffen, richtet sich der Reiter aus den Hüften heraus auf und strafft sich im Oberkörper durch Anspannen der Rückenmuskulatur und Zurücknahme beider Schultern. Den nötigen Druck auf die

Das geschlossen stehende Pferd senkt sich in der Kruppe ab und zeigt eine relative Aufrichtung.

beiden Unterkieferäste des Pferdes kann er, je nach Empfindlichkeit des Pferdes, durch Schließen der Fäuste, Eindrehen der Handgelenke oder Zurücknahme der Ellenbogen erlangen. Wichtig dabei ist, dass er immer wieder in einem solchen Maß nachgibt, wie er zuvor angenommen hat.

Das Pferd bemerkt den durch das Gebiss aufgebauten Druck im Maul, auf den es nicht weiter zulaufen wird. Es respektiert die Parade als Anweisung des Reiters und reagiert mit einem reflexartigen Ausweichen vor dem Druck, indem es sich vermehrt aufrichtet, bis Hals und Rücken keine weitere derartige Bewegung mehr zulassen. Durch die zunehmende Aufrichtung wirkt der Hals über den Rücken hebelartig auf die Hinterbeine ein, die sich daraufhin in den Hanken beugen. Der Reiter hat dabei das Gefühl, als ob sich das Pferd wie eine Kinderwippe vor ihm aufrichtet und gleichzeitig hinter ihm absenkt.

Durch die Hankenbeugung schwingen die Hinterbeine in Richtung des Körperschwerpunktes vor und stemmen sich am Boden gegen die Bewegungsrichtung, um die Vorwärtsbewegung abzufangen. Erst jetzt ist der Moment gekommen, in dem sich die Vorwärtsbewegung reduziert und der Druck auf die Gesäßknochen und den Spalt des Reiters wächst. Kann er diesem Druck sowie der Zügelspannung entgegensitzen, spricht man davon, dass der Reiter „mit Kreuz" reitet. Der abzubremsende Schwung, das Eigengewicht und das Gewicht des Reiters zwingen den Hinterbeinen enorme Lasten auf, sodass sich die Hinterhand in ihren Gelenken weiter beugt.

Während die Zügelfäuste durch wiederholte halbe Paraden Aufrichtung, Genickkontrolle und Kaubewegung erhalten und dafür sorgen, dass sich das Pferd nach dieser Bewegungsphase nicht wieder nach vorne streckt, halten die beiden Schenkel in vortreibender Position am Gurt die Hinterbeine unter dem Schwerpunkt fest. Das Pferd versammelt sich und bleibt in sich zusammengeschoben, sodass es zu keiner erneuten, Schwung entwickelnden Streckbewegung der Hinterbeine kommt.

Abschluss der Lektion

Das Pferd kommt etappenweise, aber zügig zum Stillstand. Durch die gebeugten Gelenke steht es eingerahmt zwischen Reitergewicht, Schenkeln und Zügeln unter Spannung, die erst abklingen muss. Der Rahmen wird daher gehalten, bis sich das Pferd bei guter Aufrichtung ausbalanciert und abgekaut hat und den Hals fallen lassen möchte. Ein kräftiges Ausatmen zeigt dem Reiter oft an, dass sich das Pferd allmählich entspannt.

Die Gefahr des Zurücktretens ist nun geringer und der Reiter kann den Druck an Zügeln und Schenkeln vorsichtig reduzieren. Trotzdem steht das Pferd auch weiterhin geschlossen und mit der nötigen Grundspannung, die für alle kommenden Lektionen aus dem Halten heraus erforderlich ist.

Bewertung

Die Qualität der Ausführung einer ganzen Parade gibt dem Reiter Aufschluss darüber, wie weit sein Gefühl für das richtige Zusammenspiel der Hilfen entwickelt ist. Außerdem ist die ganze Parade immer ein Prüfstein zur Bewertung der Durchlässigkeit des Pferdes.

Kritische Momente

Die ganze Parade führt immer zu einem Zustand der Bewegungslosigkeit, der, von kleineren aufrichtenden Paraden einmal abgesehen, keine größeren Korrekturen mehr zulässt, ohne wieder in den unerwünschten Zustand der Bewegung zu gelangen. Dies macht die Lektion einzigartig und schwierig zugleich und zeigt auf, von welch unschätzbarem Wert die gute Durchlässigkeit und Mitarbeit eines Pferdes sein kann. Nur dann wird es gelingen, innerhalb weniger Sekunden mit fein aufeinander abgestimmten Hilfen effektiv auf das Pferd einzuwirken. Geringste Unstimmigkeiten führen zu kritischen Momenten und Fehlern, die auch von Profis in dieser kurzen Zeitspanne kaum mehr zu korrigieren sind.

Erreichbarer Schwierigkeitsgrad

Für viele Lektionen – von der Vorhandwendung über das Rückwärtsrichten bis hin zur Piaffe – bildet das korrekte Halten die grundlegende Ausgangsbasis. Das Pferd muss dafür einwandfrei geschlossen und mit einer gewissen Spannkraft gleichmäßig auf allen vier Beinen stehen. Die perfektionierte Ausführung der ganzen Parade bestimmt deshalb den erreichbaren Schwierigkeitsgrad.

Fehler und Korrekturen

Ausfallende Parade

Die ganze Parade lebt im Wesentlichen von der Ausgewogenheit der Hilfen. Einleitende halbe Paraden sind durch vorwärts treibende Hilfen so lange zu begleiten, bis sich das Pferd zum Halten versammelt. Überwiegen die Einwirkungen der Hand, fällt das Pferd mit der Hinterhand aus und die Lektion ist misslungen.

Entscheidend ist also schon beim Heranreiten an den Haltepunkt, dass das Pferd sich treiben lässt und sicher vor den Schenkeln bleibt, sodass es durch die halben Paraden nicht abrupt aus der Gangart gedrückt wird. Die halben Paraden sollen das Pferd zunächst weiter schließen und versammeln, weil sie durch vortreibende Maßnahmen genügend gestützt sind. Erst die Paraden, die über das erreichbare Maß der Versammlung hinaus auf das Pferd wirken, führen zum Halten.

Übergänge jeglicher Art, insbesondere aber Übergänge innerhalb einer Gangart sind dazu geeignet, den Fehler abzustellen.

Pferd ist in sich schief

Die Vorwärtsbewegung des Pferdes soll vom Reiter geschmeidig aufgefangen werden. Auch bei vorsichtiger Ausführung entsteht zwischen den Hinterbeinen und dem Gebiss durch das Gewicht und den hohen Schwerpunkt des Pferdes ein enormer Druck.

Gelingt es dem Reiter nicht, das Pferd zwischen diesen beiden Punkten in sich gerade zu halten, knickt es irgendwo ab oder verdreht sich – der Möglichkeiten gibt es ebenso viele, wie Wirbel und Gelenke vorhanden sind. Bei treibender Einwirkung verstärkt sich der Fehler: Das schiefe Pferd ist quasi mit einem krummen Nagel vergleichbar, der nur noch mehr verbiegt, wenn man weiter auf ihm herumklopft.

Fehler wie das Verwerfen in Genick und Hals führen beinahe zwangsläufig dazu, dass das Pferd nicht gleichmäßig auf seinen vier Beinen steht, weil es im letzten Augenblick über die Schulter wegdrückt oder mit der Hinterhand in die Bahn schwenkt. Schuld ist meist eine zu starke oder ungleiche Einwirkung der Zügel oder eine ungleichmäßige Durchlässigkeit des Pferdes.

Zunächst ist natürlich darauf zu achten, das Pferd nicht schon schief an den Haltepunkt heranzureiten. Davon abgesehen besteht die richtige Korrektur darin, den Druck im Moment des Überganges nicht mehr so groß werden zu lassen und mit den Händen gleichmäßig auf beide Hinterbeine zu wirken. Unerlässlich ist hierzu eine deutlich verbesserte Durchlässigkeit, die es ermöglicht, dass die Zügelhilfen feiner gegeben werden können. Außerdem sollte die ganze Parade künftig so in die Länge gezogen und mit deutlicher Herausnahme des Tempos geritten werden, dass für den Übergang selbst weniger Handeinwirkung nötig ist. Ganze Paraden aus dem Schritt und Übergänge von einer Gangart zur nächstniedrigeren können Abhilfe schaffen, bevor sich der Fehler gefestigt hat.

Pferd kommt auf die Vorhand

Bei der richtig gerittenen ganzen Parade fußen die Hinterbeine durch die verbesserte Aufrichtung weit unter den Schwerpunkt und fangen mit erhöhter Lastaufnahme die Vorwärtsbewegung ab. Zieht der Reiter allerdings an den Zügeln, wird sich sein Pferd gegen die Hand stemmen, indem es sich mit steifen Hinterbeinen und hoher Kruppe nach vorne schiebt und mit Hals und Kopf nach unten abtaucht. Die Vorwärtsbewegung wird dann beinahe ausschließlich mit den Vorderbeinen abgefangen, die Gefahr des Stolperns ist groß. Außerdem wird der Reiter durch das Gewicht auf den Zügeln nach vorne gezogen und seiner vortreibenden Einwirkungen beraubt.

Die ganze Last von Reiter und Pferd liegt also auf dem Vorderbeinen, was auf Dauer zu erheblichen Schäden an Bändern und Gelenken führt. Ist das Pferd zum Halten gekommen, steht es oft sägebockartig, mit allen vier Beinen von sich gestreckt und nach unten gedrücktem Rücken. Unter Umständen entwickeln sich zusätzlich Zungenfehler.

Um diesem Fehler zu begegnen, sind Übergänge aller Art angezeigt, die die Kaubewegung, Genick-

Richtig!

kontrolle und Durchlässigkeit des Pferdes verbessern und den Reiter zum Treiben kommen lassen. Dies gelingt jedoch nur dann, wenn genauestens auf den Erhalt der Aufrichtung geachtet wird, bis der Übergang beendet ist. Erst dann sollten auch wieder ganze Paraden in die Arbeit eingebaut werden.

Zurücktreten oder Vortreten

Das unter Spannung stehende Pferd muss durch die reiterlichen Einwirkungen aus Sitz-, Schenkel- und Zügelhilfen so lange eingerahmt bleiben, bis es sich entspannt. Bleibt dies aus, sucht sich die Spannung ein Ventil und tritt dort aus.

Der leichteste Weg öffnet sich nach hinten, wo der Reiter keine direkte mechanische Möglichkeit hat, um ein Zurücktreten zu verhindern. Pferde, die ein Hinterbein oder nacheinander beide Hinterbeine nach hinten herausstellen, wurden oft zu abrupt angehalten, mussten wegen fehlender Nachgiebigkeit zu lange unter Spannung stillstehen oder verfügen über keine genügend ausgebildete Rücken- und Hankenmuskulatur.

Aber auch an den Zügeln ziehende Reiter mit weggestreckten Schenkeln, die selbst nach dem Halten

Ganze Parade zum Halten

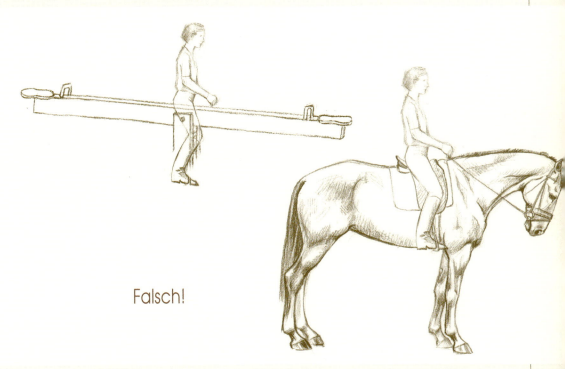

Falsch!

Das auf der Vorhand haltende Pferd gibt dem Reiter das Gefühl, als würde es vor ihm abtauchen. Der Schwerpunkt von Reiter und Pferd verlagert sich nach vorne.

nicht loslassen wollen, zwingen das Pferd, sich nach hinten abzustoßen. Nur wenige Pferde werden versuchen, nach vorne auszuweichen, indem sie das drückende Gebiss einfach ignorieren – vor allem dann, wenn sie bei der Lektion schon schlechte Erfahrungen mit den Sporen machen mussten.

Je nach Ursache setzt die Korrektur auch hier an einer Verbesserung von Aufrichtung, Kaubewegung und Genickkontrolle an, sodass ein Abstoßen nach hinten aus der Sicht des Pferdes von vornherein unnötig wird. Der Reiter bekommt die Aufgabe, Sitz und Schenkeltätigkeit zu verbessern und so lange aufrechtzuerhalten, bis das Pferd in sich nachgegeben hat.

Ruhen

Das Anwinkeln eines Hinterbeines, sodass lediglich die Hufspitze den Boden berührt, ist ein Zeichen von Entspannung. Vor allem Pferde, die während der ganzen Parade zu wenig oder gar nicht untertreten oder unter schief sitzenden Reitern zu lange stehen müssen, zeigen das Ruhen häufig.

Energische vortreibende Maßnahmen mit dem gleichseitigen Schenkel führen in der Regel nur dazu, dass das Pferd das ruhende Bein weiter vorn genau so fehlerhaft abstellt oder versucht, sich mit diesem Bein wegzuschieben. Effektiver sind auffordernde Maß-

Das im Halten ruhende Pferd verteilt die Last nicht gleichmäßig auf allen vier Beinen.

nahmen mit dem gegenüberliegenden Schenkel, weil das Pferd, um das gleichseitige Bein bewegen zu können, zuerst das ruhende belasten muss.

Kopfschlagen

Langeweile, eine zu große Spannung im Bereich der Oberhalsmuskulatur oder unaufhörlicher Druck des Gebisses können Pferde zum Kopfschlagen veranlassen, seltener sind umherschwirrende Fliegen die Ursache. Vor allem bei Reitern, die ohnehin nur über einen labilen Sitz verfügen, verschaffen sich die Pferde durch Kopfschlagen mehr Freiraum für Hals und Kopf.

Zunächst ist gründlich zu kontrollieren, ob eine genügende Nachgiebigkeit der Zügelfäuste gegeben ist. Erst wenn das Kopfschlagen auch bei vorsichtig arbeitender Reiterhand, einer besseren Genickkontrolle und einem pferdegerechten Training mit Phasen in Dehnungshaltung noch auftritt, ist der Weg vertretbar, die Untugend mit einem energischen Gertenschlag abzustellen.

Unruhiges Stehen

Fleißige, gut mitarbeitende, aber auch nervöse Pferde verleihen ihrem Gemütszustand dadurch Ausdruck, dass sie unruhig auf der Stelle treten, wobei sie gelegentlich auch noch mit den Zähnen knirschen. Nicht selten wird dies als der Versuch des Pferdes missdeutet, paffieren zu wollen, und von unwissenden Reitern mit Gerte und Sporen unterstützt.

Der erfahrene Ausbilder stattdessen weiß, dass es nun höchste Zeit wird, die Ursache für die innere Anspannung zu beseitigen. Das Halten ist eine sehr sensible Lektion, zu der ein Pferd nicht gezwungen werden kann. Hebt es auch nur ein Bein, ist das Halten im Sinne der Dressur falsch ausgeführt.

Das geforderte Stillstehen setzt beim Pferd also eine Freiwilligkeit voraus, die auch das Ergebnis einer guten, auf Vertrauen basierenden Erziehung und Ausbildung ist. Die Spannungen, die das Pferd am ruhigen Halten hindern, hängen oft auch nicht unmittelbar mit der ganzen Parade selbst zusammen, sondern können in Fehlern aus vorangegangenen Lektionen oder einer spannungsgeladenen Arbeit insgesamt begründet sein. Nicht zuletzt ist an schlecht verpasste Sättel, unruhige Schenkel und Sporen oder Konzentrationsmängel und Ermüdungserscheinungen zu denken, wenn Pferde nicht ruhig stehen wollen.

Korrekturversuche mit scharfen Paraden oder andere Zurechtweisungen würden den psychischen Zustand des Pferdes nur noch weiter verschlechtern und sind als unreiterlich abzulehnen. Wesentlich erfolgversprechender ist es, nach den Ursachen zu suchen, sie dauerhaft abzustellen und auf das Pferd beruhigend und lobend einzuwirken, bis es das Halten wieder als einen Moment der Ruhe und Entspannung begreift.

> Für beinahe alle Fehler und Widersetzlichkeiten des Pferdes gilt, dass sie durch fehlerhafte Hilfengebung entstanden sind und durch Ungeduld und grobe Einwirkungen nur noch verstärkt werden. Die ganze Parade zum Halten verführt vor allen Dingen jene Reiter zum Ziehen an den Zügeln, deren Pferde ohnehin Mängel in der Durchlässigkeit aufweisen. Die Verbesserung durch das Reiten von Übergängen jeglicher Art kann hier Abhilfe schaffen.

Bemerkungen

In Dressurprüfungen folgt dem Einreiten in das Viereck das Halten zur Grußaufstellung auf der Mittellinie. Die ganze Parade ist also die erste Lektion, mit der sich die Reiter schon vor dem eigentlichen Gruß dem Richter vorstellen. Die Qualität und Ausführung der ganzen Parade nimmt deshalb eine unter Umständen zentrale Rolle in der Frage ein, mit welcher Aufmerksamkeit die Richter den nun folgenden Ritt verfolgen werden. Nicht zuletzt deshalb sollten Übergänge zum Halten bei der täglichen Arbeit auch ohne Anlehnung an die Bande mit großer Sorgfalt ausgearbeitet werden.

2. Vorhandwendung

Der Zuschauer sieht bei richtiger Ausführung ein mäßig aufgerichtetes Pferd, das mit nur leicht zum seitwärts treibenden Schenkel hin abgestelltem und gestelltem Kopf und Hals mit der Hinterhand um das innere Vorderbein wendet. Das Vorderbein darf zwar zur Vermeidung von Gelenkschäden leicht angehoben werden, muss dann aber auf den gleichen Platz zurückgestellt werden. Für die Drehbewegung des Pferdes um 180 Grad sorgen die Hinterbeine, die gleichmäßig und ohne Eile Tritt für Tritt um die Wendeachse herumgehen, wobei das innere Hinterbein vor und über das äußere treten muss. Das äußere, der Stellung abgewandte Vorderbein wird in gleich bleibendem Rhythmus angehoben und neben das innere gestellt.

Die Wendung um die Vorhand lehrt jungen Reiter n und Pferden den Einsatz und die Wirkungsweise einseitiger Hilfen. Die Übung hat bei richtiger Ausführung auf die Hals- und Rückenmuskulatur des Pferdes eine entspannende Wirkung. Die Durchlässigkeit auf die überwiegend einseitigen Hilfen kann verbessert werden.

Die Wendung um die Vorhand ist eine handwechselnde Lektion. Sie fällt durch das Fehlen nach vorne orientierter Bewegungsabläufe völlig aus dem Rahmen, zumal der überwiegende Teil der zu beurteilen-

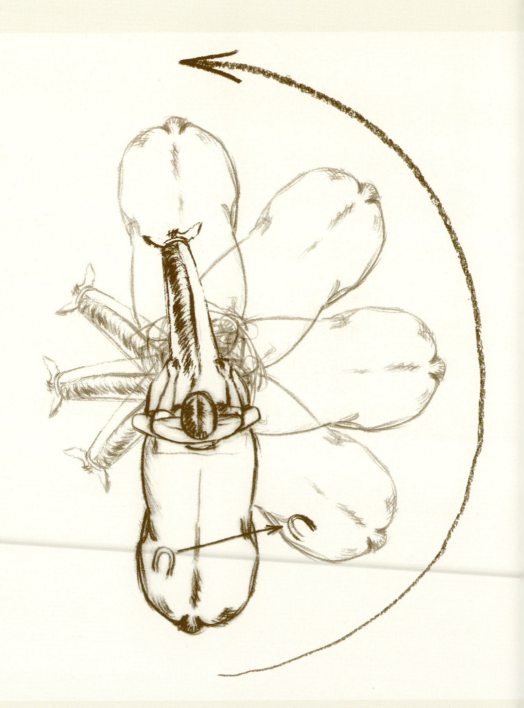

Bei der korrekten Vorhandwendung (Ansicht von oben) tritt das Pferd mit der Hinterhand um die Vorhand herum.

Vorhandwendung

Das innere Hinterbein tritt vor und über das äußere Hinterbein unter den Schwerpunkt des Pferdes. Dadurch wird die Bewegung der Hinterhand um die Vorhand herum möglich.

den Bewegungen hinter dem Reiter stattfindet. Die dabei dominierende Seitwärtsbewegung der Hinterbeine ist an keine der Grundgangarten gebunden, was die Wendung einzigartig macht.

Aus der völlig eigenständigen Bewegung lässt sich nur schwerlich ein logisch daran anknüpfender weiterer Ausbildungsschritt finden. Deshalb und wegen der minimalen Anforderungen ergibt sich ein nur geringer erzieherischer und gymnastizierender Wert der Lektion, die aus diesem Grund nur kurzzeitig anzuwenden ist, zumal sie von Reiter und Pferd ohnehin meist sehr schnell erlernt wird.

Voraussetzungen

Reiterliche Voraussetzungen

Theoretische Grundlagen
- Der Reiter kann sich die Vorhandwendung vor seinem geistigen Auge vorstellen.
- Theoretische Kenntnisse um die mechanischen Auswirkungen des seitwärts treibenden und des gegenüberliegenden verwahrenden Schenkels auf das Skelett des Pferdes sind vorhanden.
- Der Reiter ist in der Lage, Vor- und Rückwärtsbewegungen von seitwärts gerichteten Bewegungen des Pferdes zu unterscheiden, rechtzeitig zu erkennen und entsprechend darauf zu reagieren.

Sitz
- Der Oberkörper des Reiters ruht gerade und gleichmäßig zu je einem Drittel auf den beiden Gesäßknochen und dem Spalt und ermöglicht ein unabhängiges Verlegen der Schenkel in die seitwärts weisende Position etwa eine Handbreit hinter dem Gurt.
- Eine gewisse Nachgiebigkeit in den Lenden für ein geschmeidiges Mitgehen während der Seitwärtsbewegung ist gegeben.

Voraussetzungen des Pferdes

Physiologische Grundlagen
- Das Pferd verfügt über einen an der Basis relativ stabilen Hals, der bei mäßiger Aufrichtung nur leicht gestellt sein muss, um mit der dazu passenden mäßigen Abstellung des Kopfes im Genick übereinzustimmen.

Rittigkeit
- Das Pferd reagiert einigermaßen gefestigt auf rein seitwärts treibende Hilfen.
- Die Gelassenheit und der nötige Gehorsam, um den Einwirkungen willig seitlich auszuweichen, sind vorhanden.
- Das Pferd hat gelernt, ruhig stehen zu bleiben, während der Reiter seine Hilfengebung vorbereitet.

Durchführung

Vorbereitende Übungen

Die Wendung um die Vorhand wird in den Einsteiger- und Anfängerklassen verlangt und richtet sich deshalb vornehmlich an junge Reiter und Pferde. Die vorbereitenden Lektionen und Korrekturmöglichkeiten sind daher naturgemäß begrenzt und werden sich auf die Ausarbeitung von unterstützenden Übungen wie Schenkelweichen, Übertreten und ganze Paraden zum Halten aus dem Schritt oder Trab beschränken müssen.

Vorbereitung der Lektion

Die Vorhandwendung wird aus dem Halten vom zweiten Hufschlag aus entwickelt. Das Pferd wird mittels halber Paraden aufmerksam gemacht und durch geringfügiges Verkürzen des Stellung gebenden Zügels in Richtung des seitwärts treibenden Schenkels gestellt und durch geringes Anheben der Faust abgestellt, bis der Reiter das Auge und den Nüsternrand schimmern sieht. Der Mähnenkamm kippt nach innen.

Die neue innere Zügelfaust steht nun also vor und über der äußeren Zügelfaust, die die Stellung begrenzt. Der innere Schenkel wird jetzt so vorsichtig in die seitwärts treibende Position etwa eine Handbreit hinter dem Sattelgurt zurückgelegt, dass sich das Pferd nicht gestört fühlt und deshalb vorzeitig bewegt.

Hilfengebung

Während der neue innere, seitwärts treibende Schenkel die Hinterhand zum Herumgehen veranlasst, fängt der nun ebenfalls hinter dem Gurt liegende äußere, verwahrende Schenkel diese Seitwärtsbewegung wieder auf und begrenzt sie. Dadurch entsteht jedes Mal eine kleine Pause, die sich mit zunehmender Routine zwar verwischt und den Ablauf flüssiger erscheinen lässt, aber ein Eiligwerden verhindert und dem inneren Schenkel Gelegenheit gibt, die Eingangshilfe zu wiederholen. Das innere Hinterbein wird also in gleichmäßigem Rhythmus immer wieder neu zum Übertreten aufgefordert, und zwar zu einem Zeitpunkt, wo es im Abfußen begriffen ist, während sich das äußere Hinterbein in der Stützphase befindet.

Vor, während und nach der Wendung sorgen Kreuz und Schenkel dafür, dass das Pferd am Zügel bleibt und nicht nach hinten ausweicht. Eine einseitige Verlagerung des Reitergewichtes ist unnötig und sogar störend, weil während der ganzen Lektion die Hinterbeine zu beinahe gleichen Teilen belastet werden. Die nur im Rhythmus des vor- und übertretenden inneren Hinterbeines geforderte Rippenbiegung ist, da sie der Bewegungsrichtung entgegensteht, minimal und nur im Ansatz erkennbar.

Die Einwirkung der Hände beschränkt sich während des ganzen Ablaufes auf die Erhaltung von Stellung und Kaubewegung und hindert das Pferd gegebenenfalls an einer Vorwärtsbewegung.

Abschluss der Lektion

Nach der Wendung um 180 Grad fängt der äußere Schenkel die letzte Seitwärtsbewegung des äußeren Hinterbeines so frühzeitig ab, dass das Pferd ohne Mühe das innere Hinterbein daneben stellen kann und eine breitbeinige Schlussaufstellung verhindert wird.

Das Pferd steht nun um eine Schulterbreite näher an der Bande als zu Beginn der Übung. Der innere, Stellung gebende Zügel wird wieder um das vorher verkürzte Maß verlängert, sodass das Pferd geradeaus gestellt und im Gleichgewicht steht. Erst wenn vorhandene Spannungen abgebaut sind, werden beide Schenkel vorsichtig in die normale vortreibende Position am Gurt vorgelegt.

Bewertung

Die Wendung um die Vorhand gibt dem sachkundigen Betrachter Aufschluss über die Fähigkeiten des Reiters, sehr einfache Hilfen wechselseitig geben zu können und dafür den richtigen Zeitpunkt herauszufühlen. Außerdem lässt sich anhand der Reaktion des Pferdes auf die Hilfengebung seine Durchlässigkeit beurteilen.

Kritische Momente

Gerade angesichts der geringen Anforderungen, die die Lektion selbst stellt, wiegen Fehler umso schwerer. Deshalb ist es wichtig, die kritischen Momente genau zu kennen und in den täglichen Trainingsstunden etwas ernster zu nehmen. Dies fängt schon damit an, dass ein Pferd im Halten ruhig stehend abwartet, bis der Reiter die Vorbereitungen für die folgende Lektion abgeschlossen hat. Bei der Vorhandwendung ist zum Beispiel vor der Übung für die richtige Stellung von Hals und Kopf ein Verkürzen des inneren Zügels und die Zurücknahme des inneren Schenkels in die seitwärts treibende Position nötig. Kaut ein Pferd daraufhin nicht sofort ab, versteift sich stattdessen im Genick und weicht mit einer Bewegung aus, ist der Fehler schon passiert, bevor die eigentliche Lektion begonnen hat.

Der Name der Lektion sagt es schon deutlich: Bei der Vorhandwendung wendet die gesamte Vorhand, also auch Kopf und Hals des Pferdes. Trotzdem wird immer wieder vergessen, dass die Übung deshalb zumindest in der Reithalle bei hoher Bande nur vom zweiten Hufschlag aus richtig ausgeführt werden kann. Wird dies ignoriert, tritt zwangsläufig ein kritischer Moment dann ein, wenn der Abstand zur Bande zu knapp wird. Um nicht mit dem Kopf an der Wand anzuschlagen, ist das Pferd zum Zurücktreten im Verlauf der Wendung gezwungen.

> Wie bei allen Lektionen, die aus dem Halten heraus entwickelt werden, muss auch bei der Wendung um die Vorhand bereits der erste Antritt sofort richtige sein. Es ist sehr wichtig, sich dies bewusst zu machen, da jede unerwünschte Bewegung das Halten beendet und zwangsläufig der dann folgenden Übung zuzuordnen ist.

Leider wird selbst auf Turnieren vor der Wendung um die Vorhand nicht immer die Weisung „Auf dem zweiten Hufschlag geritten" gegeben. Viele junge Reiter zwingen ihr Pferd dann vom ersten Hufschlag aus in die Wendung, die wegen des ungenügenden Platzes für Hals und Kopf des Pferdes nur fehlerhaft gelingen kann. Es sei deshalb jedem Reiter angeraten, zur Vorhandwendung notfalls auch ohne ausdrückliche Anweisung selbstständig auf den zweiten Hufschlag zu wechseln.

Erreichbarer Schwierigkeitsgrad

Die Vorhandwendung kann im weiteren Verlauf der Ausbildung über das Schenkelweichen und Schultervor zum Schulterherein überleiten.

Fehler und Korrekturen

Schließen

Beim Schließen tritt das innere Hinterbein nicht wie gewünscht vor und über das äußere, sondern wird einfach daneben gestellt. Dieser Seitwärtstritt lässt ein flüssiges Herumgehen der Hinterhand nicht zu und führt stattdessen zu abgehackten, wackeligen Bewegungen – der Reiter hat das Gefühl, als ob das Pferd schwankt.

Die Ursache liegt manchmal in einer zu breiten, gegrätschten Anfangsaufstellung zusammen mit Gleichgewichtsproblemen, sodass der Weg für das innere Hinterbein zu weit wird. Meist aber ist ein

Beim fehlerhaften Schließen in dieser Wendung um die rechte Vorhand tritt das innere Hinterbein neben das äußere (Abb. links) und nicht, wie gewünscht, vor und über das äußere Hinterbein (Abb. rechts).

falscher Antritt verantwortlich, wenn das Pferd nicht mit dem inneren Hinterbein sofort vor- und übertritt, sondern mit dem äußeren Hinterbein beginnt und sich zu weit vom inneren Hinterbein entfernt.

Zur Korrektur wird die Lektion in einer leichten Vorwärtsbewegung geritten. Auch das Schenkelweichen hilft dem Reiter, den richtigen Bewegungsablauf und Zeitpunkt des Abhebens eines Hinterbeines zu erfühlen und die Reaktion des Pferdes auf die Einwirkung der Schenkel zu verbessern.

Wendung um die Mittelhand

Eine weitere, häufig zu beobachtende fehlerhafte Ausführung ist die Wendung um die Mittelhand. Die Wendeachse geht durch die Mitte des Pferdes und nicht wie gewünscht durch das innere Vorderbein. Typischerweise ist der Fehler daran zu erkennen, dass alle vier Beine in laufender Bewegung sind.

Verursacht wird die fehlerhafte Wendeachse durch einen ungenügend zurückgelegten oder durchkommenden inneren Schenkel in Verbindung mit einem stark ziehenden inneren Zügel.

Ausfallen über die Schulter

Ein zu stark wirkender innerer Zügel kann auch dazu führen, dass sich ein übermäßig gestelltes Pferd vor der Drehung erst einige Meter über die äußere Schulter zur Seite schiebt, was den Anfänger oft dazu animiert, nur noch mehr am inneren Zügel zu ziehen.

Allein ein energisches Einwirken des äußeren Schenkels in Schulternähe vorne am Gurt kann in Zusammenarbeit mit dem äußeren Zügel, der die Stellung begrenzt und den Hals feststellt, hier Abhilfe schaffen und sozusagen die Lücke zwischen den äußeren Zügel- und Schenkelhilfen so verkleinern, dass die äußere Schulter nicht mehr hindurchdrängen kann.

Zurücktreten oder Vortreten

Ein geringfügiges Zurücktreten ist der kleinere Fehler in der Vorhandwendung. Das Vortreten jedoch stellt die fehlende Aufmerksamkeit und Einwirkung des Reiters beziehungsweise die mangelnde Rittigkeit des Pferdes deutlich heraus. Sind Reiter und Pferd auch nur einigermaßen konzentriert, ist das Vortreten durch wenige halbe Paraden am äußeren Zügel eigentlich leicht zu verhindern.

Bemerkungen

Die Vorhandwendung ist gut dazu geeignet, beim Abteilungsreiten Ruhe und Abwechslung in die Gruppe zu bringen. Die Aufstellung erfolgt auf dem zweiten Hufschlag entlang der langen Seite. Dem Kommando zum Halten hat die Anweisung „Auf dem zweiten Hufschlag geritten!" vorauszugehen, damit für Hals und Kopf der Pferde genügend Platz bleibt.

Der Kommandogeber muss darauf achten, dass er zwischen der Ankündigung der Lektion („Abteilung

Vorhandwendung

auf der Vorhand links/rechts um kehrt") und dem Ausführungskommando ("Marsch") genügend Zeit bleibt, damit die Reiter die Lektion sorgfältig vorbereiten können. Nach erfolgter Ausführung steht die Abteilung auf der anderen Hand, sodass der bisherige Schlussreiter sich nun an der Tete befindet.

Leider wird die Wendung um die Vorhand gelegentlich von lustlosen Ausbildern zur sinnlosen Beschäftigung ganzer Abteilungen degradiert oder zur Schonung überlasteter Schulpferde missbraucht. Endlose Vorträge und langatmige Erklärungen gehören in den theoretischen Unterricht und nicht in die Reitstunde.

Im Sinne eines gründlichen, aufschlussreichen Unterrichts ist der Ausführung der Lektion als Einzelaufgabe mit begleitender Korrektur in jedem Fall der Vorzug zu geben. Dadurch ist sichergestellt, dass der Reiter und nicht das Pferd die Wendung einleitet, während gleichzeitig die anderen Reiter der Gruppe anhand einer Vielzahl von Fehlern und Korrekturen auch für die eigene Arbeit dazu lernen.

3. Schenkelweichen

Bei der gelungenen Ausführung des Schenkelweichens bewegt sich das Pferd in nur geringer Abstellung, Stellung und Biegung zur Bande hin, der Bewegungsrichtung also abgewandt, zumeist im Schritt taktrein und fleißig auf zwei Hufschlägen entlang der langen Seite. Während sich die Vorderbeine dabei je nach Halslänge und Bandenneigung etwas hereingerückt auf der Innenkante des ersten Hufschlages bewegen, arbeiten die Hinterbeine auf dem zweiten Hufschlag. Dabei tritt das innere Beinpaar gleichmäßig vor und über das äußere.

Das Schenkelweichen gehört in die Kategorie der lösenden Lektionen, bei denen die einseitigen Hilfen dominieren. Mit den Seitengängen in Bandennähe wie Travers und Renvers hat die Übung abgesehen von den übertretenden Beinen nur wenig gemeinsam. Versammlungsfähigkeit und Biegung der Wirbelsäule werden nur minimal gefördert, und neben dem Übertreten, dem Schultervor und dem Schulterherein ist das Schenkelweichen die einzige Lektion, bei der sich das Pferd gegen seine Stellung bewegt. Sie dient deshalb bei sparsamer Anwendung in erster Linie als Mittel zur Vorbereitung auf weitere Lektionen, für die seitwärts treibende Hilfen eine Rolle spielen.

Auch die Gewichtsverteilung des Reiters ist eine andere als in den Seitengängen. Während Stellung und Biegung eine Verlagerung des Gewichtes zur einen Seite fordern, verlangt die Bewegungsrichtung des Pferdes eine Verlagerung zur anderen Seite. Die eine Forderung hebt also die andere auf, der Reiter verhält sich neutral und bleibt auf beiden Gesäßknochen mittig sitzen.

Das Pferd ist entgegen der Bewegungsrichtung gestellt und gebogen. Das innere Beinpaar tritt vor und über das äußere.

Das Schenkelweichen vermittelt dem unerfahrenen Reiter das Gefühl für überwiegend einseitig wirkende, seitwärts treibende Hilfen und zur Seite gerichtete Bewegungen. Das junge Pferd lernt, diese Hilfen zu verstehen, und tritt, während es sich am inneren Zügel abkaut, erstmals vermehrt an den äußeren Zügel heran. Dadurch verbessern sich Genickkontrolle, Aufrichtung und Selbsthaltung des Pferdes.

Daneben fördert die Lektion das Gleichgewichtsgefühl, baut Muskulatur auf und verbessert in geringem Maße auch die Schulterfreiheit. Das Schenkelweichen dient aber vor allem im weiteren Verlauf der Ausbildung einem verlässlichen Gehorsam des Pferdes auf den seitwärtstreibenden Schenkel, sodass bei der Entwicklung der Seitengänge keine nennenswerten Widerstände zu erwarten sind. Deshalb ist die gleichmäßige Durchbildung von Pferd und Reiter auf beiden Händen schon im Stadium der Erarbeitung des Schenkelweichens äußerst wichtig.

Voraussetzungen

Reiterliche Voraussetzungen

Theoretische Grundlagen
- Der Reiter hat sich mit dem Ablauf der Lektion theoretisch vertraut gemacht.
- Kenntnisse über die vorwärts und seitwärts treibende sowie die verwahrende Hilfengebung sind vorhanden.

Sitz
- Der Reiter verfügt über einen gut geschlossenen unabhängigen Sitz mit in sich stabilem Oberkörper.
- Der Reiter kann aus der Hüfte heraus seinen Oberkörper der Schulterachse des Pferdes entsprechend ausrichten und seine Schenkel unabhängig voneinander in die verschiedenen Positionen bringen.
- Das Sitzgefühl für einfache Bewegungsabläufe ist vorhanden und lässt eine Abstimmung der Hilfen zu.
- Der Sitz lässt die Bewegungen des Schenkelweichens ungehindert zur Seite heraus.
- Der Reiter lässt sich durch die zunächst ungewohnte Richtung des Pferdes zur Bande hin nicht irritieren.

Voraussetzungen des Pferdes

Physiologische Grundlagen
- Das Pferd bleibt in sich gerade, ist leicht zu wenden und zu stellen.
- Der Hals ist mäßig aufgerichtet, aber an der Basis schon gut festgestellt.

Rittigkeit
- Das Pferd reagiert einigermaßen gefestigt auf vortreibende und verhaltende Hilfen.
- Die nötige Aufgeschlossenheit gegenüber der neu hinzukommenden seitwärts treibenden Einwirkung ist vorhanden.

- Kaubewegung und Genickkontrolle sind dem Alter und Ausbildungsstand des Pferdes entsprechend vorhanden.
- Das Vertrauen in den Reiter ist so weit ausgeprägt, dass sich das Pferd nicht allzu sehr durch die ungewohnte Stellung in Richtung Bande irritieren lässt.

Durchführung

Vorbereitende Übungen

Das Schenkelweichen ist recht weit unten auf der Liste der vorbereitenden Übungen für andere, weiterführende Lektionen angesiedelt, sodass die vorbereitende Arbeit für das Schenkelweichen selbst naturgemäß begrenzt ist. Sie wird sich auf die Ausarbeitung von unterstützenden Übungen wie Vorhandwendung, Zirkel verkleinern und vergrößern, Volten sowie ganze Paraden zum Halten beschränken müssen.

Vorbereitung der Lektion

Das Schenkelweichen, zunächst im Schritt und später im Trab, lässt sich am leichtesten in leicht verkürztem Gangmaß sofort nach Durchreiten der ersten Ecke der langen Seite entwickeln.

Nachdem das aufmerksam gemachte Pferd etwa zwei Drittel dieser Ecke in gewohnter Manier und ruhigem Tempo passiert hat, wird es durch die Anzüge am äußeren Zügel dazu veranlasst, sich flüssig und in reiner Abstellung und Stellung, ohne sich im Genick zu verwerfen, zur Bande hin zu stellen. Der nun neue innere Zügel wird verkürzt. Gleichzeitig verhindert der neue innere Schenkel, dass die Hinterhand, die der Vorhand im gewohnten Bogen folgen will, den Hufschlag betritt. Vor diesem Schenkel muss das Pferd im weiteren Verlauf weichen. Gegebenenfalls ist eine diesen Schenkel unterstützende Gerte bereits weit vor dem Durchreiten der Ecke in die äußere Faust zu wechseln.

Hilfengebung

Aus den einleitenden Hilfen und der Wirkung des neuen äußeren, dem Bahninneren zugewandten Zügels, der die Stellung begrenzt, soll sich die Längsachse des Pferdes etwa in einem Winkel von 45 Grad zur Hufschlaglinie befinden. Sie wird durch ständige Erneuerung und Wiederholung der seitwärts und vorwärts treibenden Hilfen über den gesamten Verlauf der langen Seite durchgehalten.

Insbesondere der vortreibende äußere Schenkel, der im späteren Ausbildungsverlauf in die verwahrende Position zurückgenommen wird, hat zunächst am Gurt liegend darauf zu achten, dass die Vorhand nicht über die Schulter drückt und sich von der Bande entfernt. Er muss also zusammen mit dem gleichseitigen, die Stellung begrenzenden Zügel dafür sorgen, dass die Vorhand nicht schneller wird als die Hinterhand. Nur dann kann die gut herangetriebene Hinterhand konstant im gleichen schrägen Verhältnis zur Vorhand arbeiten.

Für diese „Schräge" sorgt auch der parallel zur Schulterachse des Pferdes ausgerichtete, ohne Knick aus der Hüfte leicht in Richtung Bande gedrehte Oberkörper des Reiters. Der Reiter muss seine eigene Drehung gleich einem Schraubendreher an das Pferd weitergeben und es dadurch quasi mitnehmen. Nur so kommt bei gut anliegenden Ellenbogen die innere Hand in die gewünschte seitwärts weisende Position etwa eine Handbreit neben dem Hals, während der äußere Zügel direkt am Hals anliegen darf.

Abschluss der Lektion

Rechtzeitig vor der zweiten Ecke der langen Seite, je nach Ausbildung und Geschicklichkeit zwischen Zirkel- und Wechselpunkt, gibt der innere Zügel nach und wird auf das vorherige Maß verlängert. Gleichzeitig gibt der seitwärts treibende Schenkel seine Arbeit auf und wird in die normale, vortreibende Position am Gurt vorgenommen. Der neue innere Schenkel wird verstärkt angelegt, und das Pferd befindet sich wieder in normaler Position auf dem Hufschlag.

Bewertung

Die Art der Ausführung des Schenkelweichens gibt dem sachkundigen Ausbilder Aufschluss über das bisher entwickelte Gefühl des jungen Reiters, wenn er versucht, die Wirkungen des inneren, seitwärts führenden und das äußeren, die Stellung begrenzenden Zügels in Einklang zu bringen und die Kopf- und Halsformation des Pferdes stabil zu halten. Auch die Durchsetzungsfähigkeit des seitwärts treibenden Schenkels ist gerade bei schwirigen Pferden besonders gut zu beobachten. Insbesondere ist auch der Umgang mit unterstützenden Mitteln wie Sporen und Gerte, die gerade bei dieser Lektion häufig gebraucht werden, effektiv zu beurteilen und zu korrigieren.

Bei der Bewertung des meist jungen Pferdes am Beginn seiner Ausbildung stehen neben der Bereitschaft zur Rippenbiegung, Genickkontrolle und Kaubewegung die Losgelassenheit und der verbliebene Schwung am Ende der Lektion an erster Stelle.

Kritische Momente

Ein kritischer Moment, der oft auf Gedankenlosigkeit zurückzuführen ist, besteht in der falschen Einleitung der Übung. Statt die Hinterhand nach dem Durchreiten der Ecke noch vor Erreichen des ersten Hufschlages abzufangen und von Anfang an auf dem zweiten Hufschlag zu halten, beginnen manche Reiter mit der Einleitung zu spät und müssen dann ihre Pferde zunächst umständlich vom Hufschlag aus neu ausrichten.

Insbesondere junge, noch nicht sicher im Gleichgewicht befindliche Pferde schaffen es einfach nicht, sich wie ein Motorradfahrer in der S-Kurve sofort nach der Ecke wieder komplett umzustellen. So werden unnötige Meter verschenkt, denn auch das geschickteste Pferd braucht eine gewisse Zeit, um mit der Hinterhand die vorauseilende Vorhand einzuholen. Sehr schwirig wird es, wenn es dem Reiter nicht gelingt, die Vorhand nach einem solchen Fehler durch geeignete Paraden zurückzuhalten. Oft führt dann ein Neuanfang aus einer großen Volte heraus schneller zum Erfolg.

Umgekehrt kommen junge Reiter und Pferde in Schwierigkeiten, wenn das Schenkelweichen nicht rechtzeitig beendet und das Pferd zu dicht an die zweite Ecke der langen Seite herangeritten wird. Durch die Bande der kurzen Seite wird es gezwungen, sehr abrupt zu wenden. Diese Nachlässigkeit bringt nicht nur Vertrauensverluste ein, die einen Ungehorsam geradezu provozieren, sondern birgt auch ein erhebliches Verletzungspotenzial. Deshalb ist es wichtig, die Lektion rechtzeitig abzuschließen und dem Pferd Gelegenheit zu geben, sein Gewicht vor der Ecke von der einen auf die andere Seite zu verlagern.

Erreichbarer Schwierigkeitsgrad

Einen höchsten Schwierigkeitsgrad der Lektion gibt es im engeren Sinne nicht. Es kommt daher vor allem darauf an, das Schenkelweichen möglichst korrekt und harmonisch mit wenig sichtbarer Einwirkung zu zeigen. Das Pferd soll willig, losgelassen und vor allem ohne Taktverlust der Hilfengebung des Reiters folgen.

> Über das Übertreten wird das Schenkelweichen zur wichtigen Ausgangsbasis für das Schultervor und das Schulterherein.

Fehler und Korrekturen

Weil diese Lektion überwiegend von jungen Reitern auf älteren Ausbildungspferden geritten wird, sind die zu beobachtenden Fehler typisch für diese Gruppe. Ein instabiler Sitz, übertriebene Handeinwirkung, ungenügende oder gänzlich fehlende Schenkelhilfen sowie mangelndes theoretisches Wissen sind die häufigsten Ursachen.

Die Folge: stolpernde, untaktmäßige und schwunglose Bewegungen des Pferdes, eine zu weit in das Bahninnere getriebene Hinterhand, im Genick verworfene, an der Basis abgebrochene, übertrieben nach innen gezogene, wackelige Hälse und das Ausbrechen über die Schulter.

Pferd ist überstellt

Überstellt ist ein Pferd immer dann, wenn die übertriebene Biegung des Halses in keinem Verhältnis zur Biegung der Wirbelsäule steht. Sie wird durch einen zu starken Zug des inneren Zügels hervorgerufen, der die begrenzende Funktion des äußeren Zügels übertrifft, und ist oft bei Reitern zu beobachten, die aufgrund mangelnder Schenkeleinwirkung gezwungen sind, ihre Pferde überwiegend mit dem inneren Zügel herumzuziehen. Daraufhin knickt der Hals an der Basis – dort, wo der Hals aus der Schulter heraustritt – ab und die Diskrepanz zwischen Biegung von Wirbelsäule und Hals entsteht.

Die Schubkraft aus den Hinterbeinen tritt nun nicht mehr vorne am Unterkiefer aus dem Pferd heraus, wo sie vom Gebiss umgeformt werden kann, sondern verpufft wirkungslos an dem Knick. Da das Pferd zwar den Kopf in die richtige Richtung hält, sich aber selbst nicht wendet, neigen viele Reiter dazu, nur noch mehr am inneren Zügel ziehen.

Abhilfe schafft hier nur ein radikales Umdenken: Während der innere Zügel viel vorsichtiger wirken muss, ist vor allem Schenkelarbeit nötig, eventuell unterstützt durch Sporen und Gerte, damit das Pferd die seitwärts treibenden Hilfen akzeptiert und dem inneren Schenkel weicht.

Ausfallen über die Schulter

Ist der Hals nicht festgestellt, sondern wackelig an der Basis, wird das Pferd über die unkontrollierte äußere Schulter ausfallen. Schuld ist wieder ein zu starker Zug des inneren Zügels, sodass Hals und Kopf zur einen Seite ausweichen, während das Pferd über die Schulter zur anderen Seite ausfällt. Die gewünschte Winkelung des Pferderumpfes zum Hufschlag bleibt aus. Die Pferde legen sich immer mehr auf die Hand, weil sie den oft in der Hüfte einknickenden und einseitig herunterhängenden Reiter quasi auch noch mitziehen müssen, werden immer schneller oder bleiben stehen.

Die Korrektur ist recht einfach: Die Arbeit des seitwärts treibenden Schenkels muss intensiviert und die Durchlässigkeit des Pferdes auf diese Hilfe sichergestellt werden. Mit zunehmender Verbesserung der Hilfengebung löst sich das Problem vielfach von selbst und in dem Maße, wie sich das Pferd wieder ungehindert bewegen kann und das innere Hinterbein tätig wird, tritt eine deutliche Erleichterung am inneren Zügel ein.

Eine zu starke Einwirkung des inneren Zügels, verbunden mit mangelnder Durchlässigkeit des seitwärts treibenden inneren Schenkels, führt dazu, dass das Pferd überstellt wird.

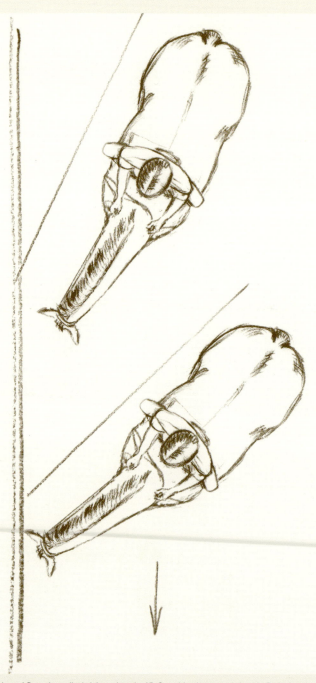

Der Winkel zwischen Pferd und Bande soll nicht mehr als 45 Grad betragen (oben). Bei einer zu weit nach innen gerichteten Hinterhand wird der Winkel größer (unten).

Schenkelweichen

Zu weit herein gerichtete Hinterhand

Durch eine zu weit herein gerichtete Hinterhand wird der Winkel zwischen Pferd und Bande zu groß. Dieser Fehler ist rein optisch also quasi als das Gegenteil des Ausfallens über die Schulter zu verstehen, bringt aber mindestens ebenso deutliche negative Auswirkungen mit sich.

Ein wesentlicher Punkt ist die große Verletzungsgefahr für das Pferd, wenn es sich durch die mangelhafte Vorwärtstendenz auf die Kronränder zu treten droht sowie Sehnen und Gelenke überanstrengt werden. Es dominieren wackelige Bewegungen mit deutlichen Geräuschen der aneinander schlagenden Beine und Hufe, der Rücken wird oft weggedrückt und gleichzeitig werden Hals und Kopf nach oben herausgehoben.

Die Devise lautet hier: „Weniger ist mehr!" Der Reiter muss darauf achten, das Pferd nicht über den 45 Grad-Winkel hinaus in die Bahn zu treiben. Bei übereifrigen Pferden kann es angezeigt sein, den äußeren Schenkel verwahrend zurückzulegen, um eine zu weit nach innen kommende Hinterhand abzufangen. Zusammen mit dem Erhalt einer deutlichen Vorwärtstendenz ist der Fehler aller Erfahrung nach schnell korrigiert.

Bemerkungen

Das Schenkelweichen hat aufgrund seiner geringen Anforderungen auch nur wenig Auswirkung auf die Gymnastizierung und Formung des Pferdes. Vor allem für junge Pferde hat die Lektion einen erzieherischen Wert, fordert Schenkelgehorsam ein und wirkt je nach Ausführung lösend, leicht biegend und schließend.

4. Übertreten

Der Zuschauer sieht bei richtiger Ausführung der Lektion ein leicht aufgerichtetes Pferd, das sich mit nur wenig Abstellung und Stellung und bei geringer Rippenbiegung, also leicht lateral gestellt und gebogen, vorwärts und je nach Ausbildungstand mehr oder weniger seitwärts auf einer vom Reiter vorgegebenen Linie gegen seine Stellung bewegt. Dabei tritt das innere Beinpaar gleichmäßig vor und über das äußere Beinpaar. Der Bewegungsablauf im Schritt oder Trab bleibt dabei taktrein und an die Fußfolge der jeweiligen Gangart gebunden.

Die Lektion hilft dabei, das Pferd einer überwiegend diagonalen, versammelnd wirkenden Hilfengebung zuzuführen und die Anlehnung an den äußeren Zügel zu verbessern. Zudem sollen junge Reiter und Pferde in der Seitwärtsbewegung lernen, die bislang dominierenden einseitigen Einwirkungen aus dem Schenkelweichen nun mit vermehrt begrenzenden und verwahrenden Hilfen zu kombinieren.

Das Übertreten wirkt auf das Pferd einseitig belehrend, gymnastizierend und lösend und fördert wie alle Seitwärtsbewegungen die Schulterfreiheit. Es wird zu Beginn auf gebogenen Linien, zum Beispiel an der offenen Seite des Zirkels, ausgeführt, um dem unerfahrenen Reiter die Vorbereitung und die Lektion selbst ein wenig zu erleichtern. Bei richtiger und vor allem in der Anfangs-

Das Pferd ist entgegen der Bewegungsrichtung mäßig gestellt und gebogen und bewegt sich vorwärts-seitwärts. Das innere Beinpaar fußt dabei vor und über das äußere Beinpaar.

phase sparsamer Anwendung hat es eine günstige Wirkung auf die Biegsamkeit des Rückens, der Sehnen und Gelenke. In einigen Dressuraufgaben wird es in Form der Lektion „Viereck verkleinern und vergrößern" verlangt. Im Gegensatz zu den versammelnden Seitengängen ist das Übertreten zunächst als lösende Lektion den Seitwärtsgängen zuzuordnen. Gleichwohl kann sich bei fleißiger und richtiger Wiederholung aus den vorwiegend einseitig wirkenden Hilfen ein fließender Übergang zu beginnender Versammlung entwickeln, wenn das Pferd den inneren Zügel mehr und mehr loslässt und an den äußeren Zügel herantritt. Angesiedelt zwischen Schenkelweichen und Schultervor kann das Übertreten daher als Vorstufe für das Schulterherein betrachtet werden.

Voraussetzungen

Reiterliche Voraussetzungen

Theoretische Grundlagen
- Der Reiter hat sich in Gedanken ein Bild von der korrekt ausgeführten Lektion gemacht.
- Die mechanischen Auswirkungen eines seitwärts treibenden Schenkels und des stabilen Pferdehalses auf das Skelett des Pferdes sind dem Reiter bewusst.
- Dank vorangegangener Übungen wie der Vorhandwendung oder dem Schenkelweichen kann der Reiter vorwärts von seitwärts gerichteten Bewegungen unterscheiden.

Sitz
- Der Oberkörper des Reiters ruht gerade und gleichmäßig zu je einem Drittel auf den beiden Gesäßknochen und dem Spalt und ermöglicht ein unabhängiges Verlegen der Schenkel in die seitwärts weisende oder verwahrende Position.
- Eine gewisse Nachgiebigkeit in den Lenden für ein geschmeidiges Mitgehen während der Seitwärtsbewegung ist gegeben.
- Der Oberkörper hat bereits eine gewisse Stabilität erlangt, um seine Drehung zum Vorrichten der Vorhand an das Pferd weitergeben zu können.

Voraussetzungen des Pferdes

Physiologische Grundlagen
- Das Pferd verfügt über einen an der Basis recht stabilen, festgestellten Hals, der bei mäßiger Aufrichtung nur leicht gestellt zu sein braucht, um mit der Abstellung des Kopfes und der leichten Biegung der Wirbelsäule übereinzustimmen.

Rittigkeit
- Das Pferd bleibt sicher vor den treibenden Hilfen und besitzt durch vorausgegangene Übungen wie die Wendung um die Vorhand oder das Schenkelweichen einigermaßen gefestigte Reaktionen und den nötigen Willen zur Mitarbeit, um auf einseitige, seitwärts treibende Hilfen richtig zu reagieren.
- Genickkontrolle, Kaubewegung und Rückentätigkeit sind durch lösende Übungen erreicht.

Durchführung

Vorbereitende Übungen

Die Zahl der spezifisch vorbereitenden Übungen ist angesichts des noch nicht sehr weit fortgeschrittenen Ausbildungsstandes von Pferd oder Reiter begrenzt. Gut geeignet sind die dem Können entsprechenden Übergänge, insbesondere vom Galopp zum Trab und vom Trab zum Schritt, da sie besonders gut die Durchlässigkeit auf halbe Paraden verbessern und festigen können.

Über Lektionen wie die Vorhandwendung oder das Schenkelweichen kann gerade der junge Reiter seinem Pferd die erwarteten Reaktionen auf die verschiedenen Schenkellagen sehr gut vermitteln, um sie dann beim Übertreten zusammenfassend überprüfen zu können. Die einfache oder doppelte Schlangenlinie trainiert die Bereitschaft des Pferdes, sich schnell und ohne Widerstände umstellen zu lassen, wie es auch für das Übertreten auf der Diagonalen kurz nach Durchreiten der Ecke erforderlich ist.

Vorbereitung der Lektion

Für das Übertreten auf der Diagonalen müssen die Vorbereitungen sehr schnell zwischen der Ecke und dem Wechselpunkt, also unmittelbar nach Durchreiten der Ecke, durch Umstellung von innen nach außen zur Bande hin erfolgen. Für die Ausführung der Lektion auf Zirkellinien oder an den langen Seiten ist die Vorbereitung etwas einfacher, weil die Stellung bereits mitgebracht wird und ein Gertenwechsel zur Unterstützung des seitwärts treibenden Schenkels entfallen kann.

Das Pferd wird mittels halber Paraden aufmerksam gemacht und durch ein geringfügiges Verkürzen des für die Stellung sorgenden Zügels im Hals gestellt. Der Kopf wird durch leichtes Anheben der inneren Faust abgestellt, bis der Reiter das innere Auge und den Nüsternrand des Pferdes schimmern sieht, der Mähnenkamm fällt nach innen.

Den gewünschten Winkel des Pferdes zur Diagonalen gibt die Bande vor. Auf den anderen Linien erreicht ihn der Reiter nur durch ein Vorrichten der Pferdeschulter von dieser Linie in Richtung Stellung und keinesfalls durch ein Wegstoßen der Hinterhand nach außen. Er wendet sich daher selbst nach innen und gibt die Drehung seines Oberkörpers mit angelegten Ellenbogen und unverändert getragenen Fäusten an die Vorhand des Pferde weiter. Die äußere Faust nähert sich dabei dem Pferdehals und begrenzt die Stellung, während die innere Faust ähnlich einer Longe seitwärts führend wirkt – und zwar so lange, bis das Pferd die angestrebte Winkelung zur Linie erreicht hat. Erst dann haben alle vier Beine die Möglichkeit zum Übertreten.

Entwickelt wird das Übertreten im Mittelschritt oder gemäßigten Arbeitstrab aus den ersten Ecken der langen Seiten heraus, auf allen Diagonalen, an den langen Seiten und an den offenen Zirkelseiten mit in die Bahn herein gerichteter Schulter oder als Hufschlagfigur wie dem Viereckverkleinern und -vergrößern.

Hilfengebung

Das in der Vorbereitung richtig eingestellte Pferd muss jetzt eigentlich nur noch durch das Zusammenspiel beider Schenkel im richtigen Verhältnis zur Abstellung nach vorne und seitwärts getrieben werden. Der innere Schenkel wird nur sehr wenig zurückgenommen, um einerseits Takt und Schwung zu erhalten und andererseits das Pferd vorwärts-seitwärts gegen den äußeren Zügel zu treiben, an dem es sich abstoßen und abkauen soll.

Der äußere Schenkel liegt dem inneren beinahe gegenüber, wirkt ebenfalls vortreibend und hindert zusammen mit dem äußeren Zügel die äußere Schulter daran auszufallen. Das Pferd bleibt in sich gerade, im Hals stabil und leicht aufgerichtet, sodass sich der innere Zügel ungestört um Stellung und Abstellung kümmern und dem äußeren Zügel beim Wenden helfen kann. Die Gewichtsverteilung erfolgt nur in ganz geringem Maße nach innen, um das in die andere Richtung gehende Pferd nicht zu behindern. Die Drehung des Oberkörpers wird vom Reiter mit Blick auf die zu reitende Linie während der gesamten Lektion beibehalten, damit das Pferd konstant in seiner Seitwärtsbewegung bleibt und notfalls aus dem Sitz heraus schnell korrigiert werden kann, falls Unregelmäßigkeiten in Anlehnung oder Bewegungsablauf auftreten.

Abschluss der Lektion

Die Lektion wird normalerweise am Wechselpunkt am Ende einer Diagonalen oder langen Seite oder bei Ausführung auf dem Zirkel bei Erreichen der geschlossenen Zirkelseite beendet. Es genügt, wenn der Reiter den zuvor verkürzten inneren Zügel wieder verlängert, die Drehung seiner Schulterachse aufgibt und beide Schenkel wieder vorwärts treibend an den Gurt legt.

Bewertung

Das Übertreten gibt dem sachkundigen Zuschauer Aufschluss über die Fähigkeit des Reiters, einfache Hilfen zu kombinieren und sich über längere Strecken hinweg schnell durchzusetzen, sodass im Verlauf der Lektion keine größeren Störungen sichtbar werden, auch wenn sich das Verhältnis der nachgerichteten Hinterhand zur vorgerichteten Vorhand ändern will. Insbesondere beim Viereckverkleinern und -vergrößern ist gut erkennbar, wie gleichmäßig Pferd und Reiter auf beiden Händen ausgebildet sind.

Kritische Momente

Schwierigkeiten ergeben sich oft in der Phase der Einleitung, wenn der Reiter, statt die Schulter vorzurichten und das Pferd in sich gerade zu halten, zu früh und zu abrupt in eine Seitwärtsbewegung kommen möchte. Pferde mit noch nicht ausgeprägtem Gleichgewichtsgefühl fühlen sich leicht überfordert, wehren sich dann gegen die Hilfen oder verfallen in einen der im Folgenden beschriebenen Fehler. In diesem Fall ist die bisherige Ausbildung des Pferdes zu überprüfen und gegebenenfalls zunächst durch vorbereitende Übungen das Gleichgewicht weiter zu verbessern.

Erreichbarer Schwierigkeitsgrad

Das Übertreten führt bei zunehmender Stellung, Biegung und Aufrichtung beinahe zwangsläufig zum Schultervor und Schulterherein.

Fehler und Korrekturen

Ausfallen über die Schulter

Ein zu stark wirkender innerer Zügel ist meist dafür verantwortlich, dass sich überstellte und im Genick verworfene Pferde über die äußere Schulter zur Seite schieben. Der Reiter merkt, dass das Pferd mit schiefem Hals und Kopf und zugleich mit wenig oder gar keinem Übertritt immer schneller zur Seite eilt, was den Anfänger oft dazu verleitet, noch mehr am inneren Zügel zu ziehen.

Nur ein energisch vortreibender äußerer Schenkel in Schulternähe ganz vorne am Gurt kann in Zusammenarbeit mit dem äußeren, die Stellung begrenzenden und den Hals an der Basis stabilisierenden Zügel hier Abhilfe schaffen und die Lücke zwischen äußerer Faust und äußerem Schenkel so verkleinern, dass die Pferdeschulter nicht mehr hindurch drängen kann. Häufige, energisch gerittene Übergänge zum Halten aus dem Übertreten machen dem Pferd sehr schnell verständlich, dass der Reiter den Raumgriff der Vorderbeine mittels halber Paraden begrenzen möchte.

Hinterhand kommt voraus

Diese unnatürliche Bewegungsform erweckt den Eindruck, als ob die Hinterhand ständig versucht, die Vorhand zu überholen und zu umkreisen. Die Hinterhand weicht also schneller seitlich aus als die Vorhand.

Zur Korrektur kommt es darauf an, dass der Reiter Vor- und Hinterhand wieder zu gleichmäßigem seitlichen Raumgriff veranlasst. Dies gelingt meist am besten, indem mehr nach vorne geritten und weniger Seitwärtsbewegung angestrebt wird. Dabei wird das außerdem in der Regel zu tief eingestellte Pferd durch geeignete Paraden vermehrt aufgerichtet, die Vorhand so entlastet und zu schnellerer Bewegung befähigt. Der innere Schenkel liegt in Gurtnähe und treibt dort aktiv mehr vorwärts als seitwärts. Der äußere, verwahrende Schenkel kann kurzzeitig weiter zurück gelegt werden, um den seitlichen Raumgriff der Hinterbeine zu begrenzen. Das energische Anreiten oder Antraben aus dem Halten direkt ins Übertreten wird dem Pferd sehr gut die vom Reiter erwartete Reaktion auf den richtig positionierten seitwärts treibenden Schenkel verdeutlichen.

Übertreten

Die Hinterhand eilt der Vorhand voraus, die Hinterbeine weisen deshalb einen größeren seitlichen Raumgriff als die Vorderbeine auf.

Zu wenig Übertritt

Manche Pferde, die eigentlich die Schenkelhilfen sehr gut beachten, kommen beim Übertreten trotz guter Ausrichtung zur abzureitenden Linie immer wieder nach vorne über diese Linie hinaus. Verantwortlich dafür sind fehlende oder mangelhaft durchgelassene halbe Paraden an beiden Zügeln. Der Reiter hat dadurch keine Möglichkeit, den Raumgriff nach vorne genügend zu kontrollieren, um ihn vermehrt in seitlichen Raumgriff umzuwandeln.

Alle Formen von Übergängen, insbesondere aus dem Galopp zum Trab, Schritt oder Halten, müssen vor dem Übertreten gründlich durchgearbeitet werden, um die Durchlässigkeit des Pferdes zu verbessern. Erst dann können die Zügelhilfen in Kombination mit anderen Einwirkungen, wie sie zum Beispiel zum Übertreten nötig sind, richtig wirken und dafür sorgen, dass der Reiter sein Pferd auf der Linie halten kann.

Linie nicht beachtet

Das Übertreten wird meist nicht entlang der Bande, sondern auf Zirkel- oder Wechsellinien geritten. Diese Linie muss der Reiter im Auge behalten, damit er sein Pferd sicher in die gewünschte Richtung steuern kann. Gerade im Anfangsstadium sind dabei in einem ständigen, lebhaften Wechsel Hilfen gefordert, die das Pferd zu der gedachten Linie hintreiben oder es davon abhalten, sie nach vorne zu überschreiten. In diesen wechselnden Hilfen liegt der Ausbildungswert dieser Lektion, von deren richtiger Ausführung junge Pferde und Reiter später bei Traversalen und Traversalverschiebungen stark profitieren können.

Bemerkungen

Das Übertreten kann auch sehr gut in Abteilungen im Schritt und leicht verkürztem Arbeitstrab geritten werden. Die Kommandos „Anfang durch die ganze Bahn wechseln, dabei die Pferde übertreten lassen" oder „An der offenen Zirkelseite die Pferde übertreten lassen" sind rechtzeitig vor Mitte der kurzen Seite zu geben, damit sich die Reiter genügend lange vorbereiten und eventuell auch die Gerte zur Unterstützung des seitwärts treibenden Schenkels wechseln können. Ein Ausführungskommando („Marsch") ist nicht nötig, weil die Reiter am Anfangspunkt hintereinander eintreffen und selbstständig beginnen können.

Um die Gruppe von vorne zu beurteilen, ist der günstigste Standplatz für den Ausbilder der dritte Hufschlag am Ende der langen oder der offenen Seite. Empfehlenswerter aber ist die Aufstellung bei D, G oder X, die es dem aufmerksamen Ausbilder gestattet, die Lage beider Schenkel seiner Schüler beurteilen zu können. Trotzdem ist es immer besser, die Übung einzeln reiten zu lassen und gleich begleitend zu korrigieren. Dadurch sehen auch die anderen Reiter eine Vielzahl von verschiedenen Fehlern und Korrekturen, die ihnen Hilfestellung auch für die eigene korrekte Ausführung der Lektion geben.

Übertreten

Zu berücksichtigen ist, dass das Übertreten gerade für unerfahrene Reiter auf etwas behäbigeren Pferden sehr anstrengend ist, sodass es am besten in die erste Hälfte der Unterrichtsstunde eingebaut wird.

Das Übertreten ist sparsam in die Arbeit einzubinden: Es sollte immer mal wieder in kurzen Abschnitten geritten werden, nicht endlos am Stück. Oft wird vergessen, dass gerade diese Lektion, vor allem übertrieben häufig und mit zu steil gerichteter Hinterhand geritten, auf Dauer einen geradezu verheerenden Verschleiß an den Pferdebeinen zur Folge haben wird.

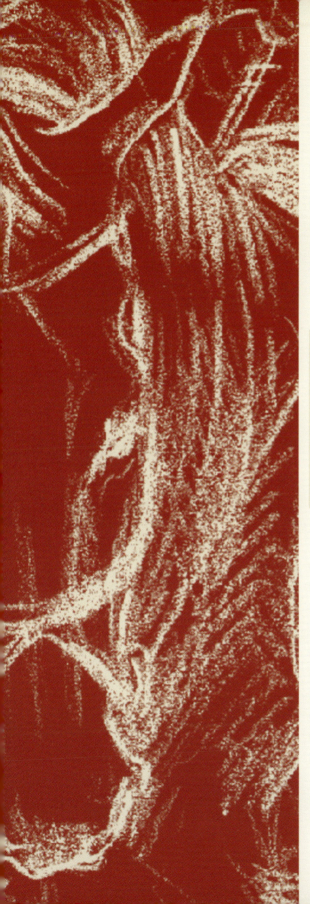

Reiten in Stellung

Der Betrachter sieht bei richtiger Ausführung ein mäßig gebogenes Pferd, das sich, meist im Trab oder Galopp, entlang der Bande in absolut reiner Abstellung und Innenstellung in sich gerade und aufgerichtet, taktmäßig und schwungvoll vorwärts bewegt.

Das Reiten in Stellung hat den Zweck, das Pferd am inneren Zügel abkauen zu lassen, die Anlehnung an den äußeren Zügel zu verbessern und das Pferd einer überwiegend diagonalen, gerade richtenden und versammelnd wirkenden Hilfengebung zuzuführen.

Die Übung wirkt bei richtiger Ausführung biegend auf Genick, Hals und das innere Hinterbein ein und fördert die Hankenbeugung und Versammlungsfähigkeit des Pferdes. Daneben stärkt sie die wichtige Oberhalsmuskulatur und den Kapuzenmuskel, lässt die Unterhalsmuskulatur erschlaffen und schafft so den notwendigen Platz für die Ohrspeicheldrüse. Sie vertieft außerdem bei Pferd und Reiter das Verständnis für die im weiteren Ausbildungsverlauf zunehmende biegende Arbeit und sorgt für eine konstante Anlehnung auf beiden Händen.

Während bei den meisten Lektionen immer die Bearbeitung des gesamten Skeletts des Pferdes im Vordergrund steht, geht es beim Reiten in Stellung

Das Pferd ist nach innen gestellt und nur mäßig gebogen. Es bleibt in sich gerade, sodass das innere Hinterbein fleißig unter den Schwerpunkt fußt. Die gute Anlehnung am äußeren Zügel verhindert ein Ausfallen über die äußere Schulter.

um die überwiegend einseitige Bearbeitung von Hals und Kopf – über die verbesserte Arbeit des inneren Hinterbeins hat dies mittelbar natürlich auch Auswirkungen auf das Skelett.

Durch die Nähe der Bande ist dem Pferd ein Ausweichen mit der Hinterhand oder das Ausfallen des äußeren Hinterbeins nur schwer möglich. Deshalb kann sich der Reiter auf den vortreibenden inneren

Schenkel konzentrieren und die Hilfe notfalls auch mit Unterstützung einer Gerte durchsetzen.

Die Lektion wirkt lösend, wenn sie geritten wird, um Spannungen zu beseitigen. Bei vermehrter Aufrichtung hingegen wird das Reiten in Stellung jedoch eher schließend bis leicht versammelnd wirken – je nachdem, wie gut das Pferd bereits den inneren Zügel loslässt und an den äußeren herantritt.

Voraussetzungen

Reiterliche Voraussetzungen

Theoretische Grundlagen
- Der Reiter hat sich mit der Lektion theoretisch auseinandergesetzt, weiß die Begriffe Abstellung und Stellung richtig einzuordnen und kann Streck- und Beugephasen der Hinterbeine gefühlsmäßig auseinander halten. Er kann einen krummen Hals von einem richtig gestellten Hals unterscheiden.

Sitz
- Der aufgerichtete Oberkörper des Reiters ruht zu je einem Drittel auf den beiden Gesäßknochen und dem Spalt und hat bereits eine gewisse Stabilität erlangt, damit der Reiter eventuellen Widerständen des Pferdes entgegensitzen kann.
- Die nötige Unabhängigkeit von den Steigbügeln, die das Verlegen beider Schenkel in den vortreibenden oder verwahrenden Bereich ermöglicht, ist gegeben.

Voraussetzungen des Pferdes

Physiologische Grundlagen
- Das Pferd verfügt über einen an der Basis recht stabilen, festgestellten Hals, der bei mäßiger Aufrichtung nur leicht gestellt zu sein braucht, um mit der Abstellung des Kopfes und der leichten Biegung der Wirbelsäule überein zu stimmen.

Rittigkeit
- Das Pferd bleibt sicher vor den treibenden Hilfen und besitzt einigermaßen gefestigte Reaktionen und den nötigen Willen zur Mitarbeit, um auf einseitige Hilfen richtig zu reagieren.
- Genickkontrolle, Kaubewegung und Rückentätigkeit sind durch lösende Übungen erreicht.

Durchführung

Vorbereitende Übungen

Das Reiten in Stellung erfordert eine überwiegend einseitige Hilfengebung. Vorbereitend eignen sich entsprechend alle Lektionen, die das Pferd für die Arbeit des inneren Schenkels sensibilisieren und die korrekte Stellung und Kaubewegung sichern. Die Palette reicht vom einfachen Zirkel über Schlangenlinien und Volten bis hin zum Schenkelweichen, Übertreten und der Wendung um die Vorhand.

Vorbereitung der Lektion

Obwohl die Übung grundsätzlich auf jeder Linie zu reiten ist, zeigen sich die Vorteile erst an der Bande, weil die Hinterhand hier nicht ausweichen kann. Deshalb lässt sie sich am besten aus der ersten Ecke der langen Seite heraus entwickeln.

Der Schwerpunkt der Vorbereitung liegt daher im richtigen Ausreiten dieser Ecke. Wie vor jeder Wendung wird der innere Zügel verkürzt und das Pferd zum Abkauen veranlasst. Der innere Schenkel erhält den Gang und treibt das Pferd noch einmal tief in die Ecke hinein.

Hilfengebung

Nach Durchreiten der Ecke behält der Reiter die durch die Wendung gegebene Stellung bei, um sie die ganze lange Seite durchzuhalten. Es genügt, wenn er dabei Augenbogen und Nüsternrand schimmern sieht. Der Mähnenkamm fällt nach innen. Der innere Schenkel erhält Gang und Schwung und treibt das abfußende innere Hinterbein stetig dem inneren Zügel zu. Gleichzeitig verhindert er vorne am Gurt liegend auch, dass die innere Schulter wie im Schulterherein nach innen drängt. Das Pferd bleibt also in Bandennähe, was die Arbeit des äußeren Schenkels in der verwahrenden Position hinter dem Gurt so erleichtert, dass dieser beim Vortreiben helfen kann und muss.

Der Reiter verteilt sein Gewicht überwiegend auf den inneren Gesäßknochen und begünstigt dadurch Hankenbeugung und Untertritt des inneren Hinterbeins. Gleichzeitig dreht er seinen Oberkörper so weit nach innen, wie er die innere Schulter seines Pferdes vor das innere Hinterbein richten muss, um das Pferd in sich gerade zu halten. Dies hängt individuell davon ab, wie viel schmaler die Schulterpartie des Pferdes im Verhältnis zu den Hüften ist – bei Stuten ist der Unterschied meist ausgeprägter als bei Wallachen und Hengsten.

Damit sich das innere Beinpaar nun an der inneren Kante des Hufschlags in gerader Linie bewegt, müssen auch die gut getragenen Zügelfäuste der Drehung des Oberkörpers folgen. Die innere Faust befindet sich in einer leicht seitlich führenden Position und wird angehoben, um die Abstellung des Kopfes zu regeln. Sie steht also vor und über der äußeren Faust, erhält durch wirkungsvolle Paraden die Kaubewegung und fördert das Abstoßen des Pferdes am inneren Zügel. Der äußere Zügel dicht am Hals begrenzt die Stellung, sorgt für eine konstante Aufrichtung und regelt das Tempo.

Abschluss der Lektion

Nach dem Ende der langen Seite und Durchreiten der zweiten Ecke verlängert der Reiter den inneren Zügel um so viel, wie er ihn vor der Übung verkürzt hat. Gewichtsverteilung und Oberkörperdrehung werden aufgegeben und dem nun wieder geradeaus schauenden Pferd angepasst.

Bewertung

Die Übung zeigt, ob der Reiter die Begriffe Stellung und Abstellung richtig verstanden hat und wie weit er in der Lage ist, trotz der überwiegend einseitigen Bearbeitung der Hals- und Kopfformation gleichzeitig durch treibende Hilfen des inneren Schenkels die Mechanik des inneren Hinterbeines zu verbessern.

Kritische Momente

Wenn bei der relativ leichten Lektion mit ausreichender Geduld und Umsicht vorgegangen wird, ergeben sich bei der Erarbeitung kaum Schwierigkeiten. Der Reiter hat lediglich für eine vorwärts gerichtete Bewegung zu sorgen, die auf der äußeren Seite durch die Bande geführt wird und die er bei richtiger Ausführung über das Gebiss am Zügel abfängt. Selbst junge Reiter können die Arbeit der Hinterbeine herausfühlen und so das Resultat ihrer Arbeit sofort erleben.

Kritisch kann es allerdings werden, wenn sich der Reiter nur noch auf den Kopf des Pferdes konzentriert und die Arbeit der Hinterbeine vergisst. Alle beschriebenen Fehler resultieren, zusammen mit Mängeln im Sitz, aus einer zu starken Handeinwirkung, die lediglich Kopf und Hals des Pferdes zu formen versucht.

> Die Lektion sollte überwiegend in den schwungvollen Gangarten Trab und Galopp geritten werden. Das Reiten in Stellung ist im Schritt nur vorübergehend und nur in kurzen Abschnitten zu empfehlen, um das Risiko von Taktfehlern zu vermeiden.

Erreichbarer Schwierigkeitsgrad

Das Reiten in Stellung ist die beste Möglichkeit, um ohne größere Schwierigkeiten die Übungen Schultervor und Schulterherein einzuleiten, die wiederum auf die Seitengänge vorbereiten.

Fehler und Korrekturen

Das Reiten in Stellung schließt die Abstellung mit ein. Unter Abstellung ist die genaue seitliche Ausrichtung des Pferdekopfes zum gestellten Hals zu verstehen: Der Bogen des Halses setzt sich also gleichmäßig und ohne Knick bis zum Schopf fort. Die Ganasche als der hintere, untere Rand des Unterkiefers taucht dabei, ohne die Ohrspeicheldrüse zu quetschen, unter den Hals. Die Nase bleibt senkrecht unter der Stirn.

Eine korrekte Abstellung ist nur bei willigem Nachgeben im Genick zwischen den ersten beiden Halswirbeln möglich. Pferde, die nicht im Genick nachgeben, leisten Widerstand und legen sich auf die Hand, was jedem Reiter sofort unangenehm auffällt. Schwieriger zu erfühlen ist es, wenn das Pferd – manchmal auch vom Blick des Richters unbemerkt – an einer falschen Stelle im Hals nachgibt, da es sich dann nicht auf der Hand liegt.

Durch ziehende Zügelfäuste und unnachgiebige Pferde können diverse Fehlhaltungen und Verdrehungen im Kopf- und Halsbereich verursacht werden. Schäden an der Halswirbelsäule und Schmerzen im Bereich der Ohrspeicheldrüsen sind häufige Folgen.

Das Pferd verwirft sich im Genick und dreht dabei die Nase nach außen.

Verwerfen im Genick

Um dem inneren Zügel einen effektiveren Widerstand entgegensetzen zu können, verwerfen sich viele Pferde im Genick, indem sie die Nase nach außen drehen und dadurch den inneren Unterkieferast aus dem Bereich der inneren Trensenhälfte bringen. Durch den schief gehaltenen Kopf sieht es so aus, als ob der Reiter ständig am äußeren Zügel zöge.

Weil für die richtige Abstellung in erster Linie die innere Faust verantwortlich ist, ist die Korrektur recht einfach. Zunächst ist zu überprüfen, ob die Länge des äußeren Zügels und die Höhe der äußeren Faust die Stellung erlauben, die der innere Zügel fordert. Ist dies der Fall und der Fehler noch immer vorhanden, muss die innere Faust höher getragen werden und weniger ziehen oder gegenhalten, sondern mit vielen halben Paraden die Kaubewegungen verbessern, bevor der innere Schenkel tätig werden kann.

Andere Pferde halten sich im Genick fest und drehen die Nase nach innen. Auch hier zeigt die Stirnlinie nicht mehr senkrecht nach unten. Meist deutet dieser Fehler auf eine zu hoch getragene innere Hand hin, die nicht in der Lage ist, den Druck im Maul abzubauen, weil die Paraden nicht den knöchernen Unterkieferast, sondern lediglich die Lefzen erreichen.

Um den Widerstand zu beseitigen muss die innere Hand tiefer getragen und fleißiger werden, bis das Pferd abkaut. Gleichzeitig wird der äußere Zügel verkürzt. Sollte dies noch nicht ausreichen, kann die äußere Faust höher genommen werden, sodass bis zur Beseitigung des Fehlers die äußere Hand über der inneren steht.

Durch unverhältnismäßige Einwirkung des inneren Zügels kommt es zu Verwerfungen im Hals des Pferdes.

Verwerfen im Hals

Ein richtig gestellter Hals fällt durch den gleichmäßigen Bogen auf, der sich in der Abstellung des Kopfes und in der Rippenbiegung des Rückens fortsetzt. Der Mähnenkamm ist nach innen gekippt.

Durch ein gefühlloses Ziehen am inneren Zügel werden gerade willige Pferde derart überstellt, dass die Biegung des Halses in ein grobes Missverhältnis zur Biegung der Wirbelsäule gerät. Die Möglichkeiten, sich dagegen durch Verwindungen im Hals zu wehren, sind so zahlreich wie die Halswirbel.

Die klassische Art des Verwerfens im Hals kann am besten von vorne beobachtet werden. Während sich das richtig gestellte Pferd optisch auch mit Hals und Kopf zwischen den Knien des Reiters befindet, scheint das überstellte und im Hals verworfene Pferd je nach Halslänge mindestens zwei Hufschläge zu benötigen. Auf dem einen Hufschlag läuft das Pferd mit seinen vier Beinen, auf dem anderen hängt der Hals, der im besten Fall keine, im schlechtesten Fall sogar eine gegenläufige Biegung aufweist.

Ein verworfener Hals ist von oben sehr gut am Mähnenkamm und der Oberhalsmuskulatur zu erkennen.

Möglich wird dies durch das so genannte „Abbrechen" des Halses an der Basis: Dort, wo der Hals aus dem Rumpf heraustritt, ist ein deutlicher Knick zu sehen. Der Pferdehals zeigt also nicht aufgrund einer gleichmäßigen Biegung in das Bahninnere, sondern ist lediglich abgeknickt und kann entweder gar nicht oder sogar falsch nach außen gebogen sein. Diese Verwindungen sind nicht nur Schönheitsfehler, sondern können auf Dauer erhebliche gesundheitliche Schäden im Bereich des gesamten Skeletts verursachen.

Auch reiterlich gesehen hat der Fehler erhebliche Auswirkungen. Die Schubkraft, die von den Hinterbeinen entwickelt wird, tritt nun nicht mehr vorne am Unterkiefer aus dem Pferd heraus, wo sie vom Gebiss verarbeitet und umgeformt werden kann, sondern verpufft wirkungslos an dem falschen Knick. Das Pferd ist in sich nicht mehr gerade.

Abhilfe schafft hier nur ein radikales Umdenken und eine intensive Schenkelarbeit. Zunächst ist sicherzustellen, dass der äußere Zügel nicht gegen den inneren arbeitet: Er muss lang genug sein, um die durch den inneren Zügel verlangte Stellung auch zuzulassen. Die äußere Hand wird so tief wie möglich getragen, der innere Zügel wird angehoben, bleibt aber dicht am Hals, um die seitliche Zugwirkung zu vermindern. Die innere Hand fördert durch viele halbe Paraden die Kaubewegung und Nachgiebigkeit im Genick. Wenn diese halben Paraden durchlässig angenommen werden und der innere Schenkel zum Treiben kommen kann, wird das Pferd an den äußeren Zügel herantreten und seinen Zwang, sich im Hals zu verwerfen, verlieren.

Ausfallen über die Schulter

Als Folge des Verwerfens im Hals kann sich auch das Ausfallen über die Schulter entwickeln. Ein stark ziehender innerer Zügel hindert den äußeren Zügel daran, den Hals an der Basis zu stabilisieren. Hals und Kopf weichen nach innen aus, während das Pferd über die ungenügend kontrollierte Schulter nach außen entwischt. Die gewünschte Richtung des Pferderumpfes parallel zur Innenkante des Hufschlags geht verloren. Stattdessen legen sich diese Pferde immer mehr auf die Hand.

So klar wie die Ursache ist auch die Korrektur. Da nur der äußere Zügel in Verbindung mit einem nicht zu weit hinten liegenden äußeren Schenkel in der Lage ist, die gleichseitige Schulter zu stabilisieren und damit den Fehler abzustellen, muss das Pferd an diesen Zügel herantreten. War die Länge des äußeren Zügels in Ordnung, sodass er vom Pferd erreicht werden konnte, und sind alle anderen beschriebenen Fehler auszuschließen, hat die Arbeit des inneren Zügels und Schenkels noch nicht das Ziel der Lektion erreicht.

Effektivere Paraden, die sich im Maul auch durchsetzen können und den inneren Schenkel zum Treiben kommen lassen, werden dafür sorgen, dass das Pferd im Laufe der Zeit den inneren Zügel immer mehr loslässt und an den äußeren Zügel herantritt, der mit zunehmender Dominanz die äußere Schulter immer effektiver kontrollieren kann.

Gleichzeitig wird der äußere Schenkel dicht an den Gurt vorgenommen: Wegen der ausbleibenden Biegung ist für ihn in der verwahrenden Position ohnehin nichts mehr zu tun, und am Gurt liegend kann er die

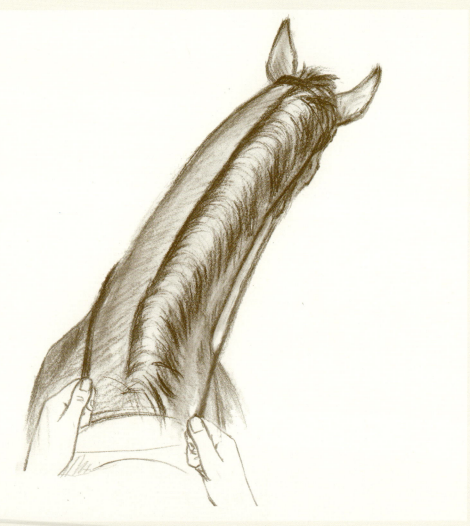

Das Pferd fällt über die linke, äußere Schulter aus. Der zu stark wirkende innere Zügel hebt die begrenzende Funktion des äußeren Zügels auf.

wegdriftende äußere Schulter abfangen und in Richtung Pferdekopf treiben. So wird auch die Bewegung der Hinterbeine in Richtung Pferdemaul umgeleitet, bis sie am äußeren Zügel ankommt und das Pferd in sich gerade ist.

Falscher Knick

Äußerst schwierig zu beheben ist der falsche Knick. Er ist bei Pferden zu sehen, die nicht ehrlich im Genick nachgeben und stattdessen an anderer Stelle im

Reiten in Stellung

Beim falschen Knick bildet das Genick nicht mehr den höchsten Punkt. Dieser Fehler tritt oft bei Pferden auf, die mit zu engem Hals und einer Stirn-Nasenlinie hinter der Senkrechten geritten werden.

Hals, meist zwischen dem dritten und vierten Halswirbel, abknicken. Der etwa zwei Handbreit hinter den Pferdeohren entstehende Knick ist von der Seite leicht zu erkennen.

Gut ausgebildete Pferde, denen diese Haltung keine Schmerzen bereitet, müssen nicht unbedingt schwieriger zu reiten sein als solche ohne diesen Fehler. Seine Entstehung geht oft auf einen ungeduldigen Reiter zurück, der sein junges Pferd zu früh zu stark beigezäumt hat, ohne auftretende Widerstände durch gymnastizierende Arbeit gründlich zu beseitigen. Auch zu eng stehende Ganaschen, ausgeprägte Ohrspeicheldrüsen oder eine starke Unterhalsmuskulatur können die Nachgiebigkeit im Genick erheblich einschränken, Schmerzen verursachen und das Pferd dazu zwingen, an der falschen Stelle nachzugeben.

Die Korrektur ist deshalb langwierig und schwierig, weil selbst bei bester Anlehnung am äußeren Zügel letztlich doch nie die große seitliche Stabilität erreicht wird, über die der Reiter verfügen müsste, um auch die ersten drei Halswirbel erreichen zu können. In jedem Fall erfordert die Bearbeitung solcher Hälse ein äußerst behutsames Vorgehen mit langen Pausen und häufigem Reiten in Dehnungshaltung. Erfolgversprechend ist sie nur bei relativ jungen Pferden, die noch nicht allzu lange mit diesem Fehler laufen.

Zungenfehler

Bei Pferden, die das Gebiss annehmen und abkauen, wird die empfindliche Schleim- und Knochenhaut über den Unterkieferästen gut durchblutet und bleibt daher empfindlich. Wird durch ein ständig drückendes Gebiss die Durchblutung gestört, nimmt die Empfindlichkeit des Unterkiefers erheblich ab. Der Effekt ist einer örtlichen Betäubungsspritze beim Zahnarzt nicht unähnlich.

Übrig bleibt die hoch flexible Zunge als empfindlichster Teil des Mauls, die das Pferd nach einiger Übung auch bei noch so eng geschnalltem Naseriemen hoch in den Rachenraum ziehen kann. Weil dies sehr anstrengend ist, eine spezielle Kopfhaltung verlangt und die Atmung behindert, wird die Zunge meist wieder nach vorne gestreckt. Ob sie dabei nur über das Gebiss gelegt wird oder sichtbar heraushängt, ist völlig unerheblich. Die Zunge ist für den Reiter in beiden Fällen kaum mehr erreichbar und das Pferd wird sich weitgehend darauf konzentrieren, sie dorthin zu verlagern, wo es am wenigsten schmerzt. Sichtbares Zeichen für dieses lebhafte Zungenspiel ist zum Beispiel der eiweißartig aufgeschlagene Schaum am Pferdemaul, der häufig als ein Zeichen lebhafter Kaubewegung missdeutet wird.

Nervöse Reiter versuchen nicht selten, den sofort erkennbaren und zum Teil auch hörbaren Fehler durch harte Zügeleinwirkungen abzustellen, und erreichen damit das Gegenteil, weil dem Pferd nun das unter der Zunge liegende, sehr empfindliche Zungenbändchen wehtut. Blutergüsse im Bereich der nun völlig ungeschützten Unterkieferknochen veranlassen manche Pferde, die Zunge schützend zwischen Gebiss und Unterkieferast zu klemmen, wobei sie ebenfalls aus dem Maul herausragen kann. In welcher Variante auch immer die Zunge über oder unter dem Gebiss eingeklemmt wird: In keinem Fall ist noch eine Kaubewegung möglich, die das Maul und Genick entspannt und Basis jeder Durchlässigkeit ist.

Reiten in Stellung

Die vielfach verwendeten so genannten Zungenstrecker- oder Löffelgebisse, die dafür sorgen sollen, dass die irgendwann einmal wieder nach vorn gestreckte Zunge unter das Gebiss umgeleitet wird, sind nur dann für eine dauerhafte Lösung des Problems hilfreich, wenn gleichzeitig feinfühlige, lebhafte Zügelhilfen die Kaubewegung in Gang bringen und so den tatsächlichen Grund des Übels beseitigen. Da diese Korrekturgebisse aber nicht die Voraussetzung für eine gute Kaubewegung sind, erübrigen sie sich eigentlich von selbst.

Bemerkungen

An die Beweglichkeit von Genick und Hals stellt diese Lektion hohe Ansprüche. Schon beim Kauf eines Pferdes sollte man darauf achten, dass der Kopf durch ein nicht zu schweres Genick am Hals aufgehängt ist. Starke Hälse, deren Muskulatur bis in den Bereich des Genicks und der Ganaschen reicht, übermäßig ausgeprägte Ohrspeicheldrüsen und eng stehende Ganaschen könnten im weiteren Verlauf der Ausbildung Probleme mit sich bringen, zumindest aber den zeitlichen Verlauf der Ausbildung in die Länge ziehen. Die Ausformung und Verschlankung eines in diesem Bereich nicht optimalen Halses erfordert einen erheblichen Zeitaufwand.

6. Kurzkehrtwendung

Die Lektion ist richtig ausgeführt, wenn das Pferd bei guter Aufrichtung in die Bewegungsrichtung gestellt und gebogen ist und im klaren Viertakt des Schrittes mit der Vorhand um die Hinterhand herumgeht. Anders als die Wendung um die Hinterhand, die immer aus dem Halten beginnt, wird die Kurzkehrtwendung aus dem versammelten Schritt oder Trab heraus geritten.

Die Vorderbeine bewegen sich dabei ohne Eile mit größerem seitlichem Raumgriff auf größerem Halbkreis als die auf einem kleineren Halbkreis tätigen Hinterbeine und schieben dadurch die Vor- und Mittelhand des Pferdes in einer 180 Grad-Wendung um einen Punkt herum, der dem inneren Hinterfuß möglichst nahe liegt. Dieser innere Hinterfuß tritt bei jedem Schritt deutlich in Richtung Schwerpunkt unter. Das äußere Hinterbein arbeitet dicht daneben ohne überzutreten. Nur das äußere Vorderbein tritt seitwärts vor und über das innere.

Die Kurzkehrtwendung ist eine handwechselnde Lektion, die schon deshalb einmalig ist, weil sie sowohl im Schritt als auch im Trab angeritten und beendet werden kann, während die eigentliche Wendung immer im verkürzten oder versammelten Schritt ausgeführt wird. Ungeachtet der Tatsache, dass Vorder- und Hinterbeine auf zwei Halbkreisen mit verschiedenen Radien arbeiten, werden die Bewegungsabläufe der vier Beine durch die vier Takte und acht Phasen des Schrittes koordiniert.

Das Pferd ist in Bewegungsrichtung gestellt und gebogen. Die Vorderbeine bewegen sich mit seitlichem Raumgriff um die aktiv arbeitende Hinterhand herum. Das innere Hinterbein fußt dabei unter den Schwerpunkt des Pferdes.

Kurzkehrtwendung

Die Kurzkehrtwendung führt das Pferd einer überwiegend diagonalen, versammelnd wirkenden Hilfengebung zu und schult die Annahme des äußeren Zügels. Dem Reiter im leichten und mittleren Ausbildungsbereich bringt sie etwas kompliziertere Übergänge nahe, und sie lehrt ihn die weitergehende Wirkungsweise von diagonalen Hilfen, insbesondere aber das Gefühl der Kontrolle über die Schulter des Pferdes.

Die Übung verbessert Gehorsam, Reaktionsschnelligkeit und Geschicklichkeit des Pferdes und eignet sich sehr gut, um das Gleichgewicht zu trainieren. Rippenbiegung und Schulterfreiheit werden verbessert, die Muskulatur von Bauch, Rücken und Oberhals sowie der Kapuzenmuskel werden gestärkt. Die Tragkraft der Hinterhand, die wesentlich für die Aufrichtung des Halses verantwortlich ist, nimmt zu.

Die kurze, zunächst harmlos erscheinende Lektion weist dem Reiter eine Menge Arbeit zu. Ausgangspunkt der Wendung ist meist der erste Hufschlag. Auch darum scheint die Übung vom Schwierigkeitsgrad her eher mit der Wendung um die Hinterhand als mit der Pirouette verwandt zu sein, obwohl sie wie letztere ebenfalls aus der Bewegung heraus geritten wird.

Voraussetzungen

Reiterliche Voraussetzungen

Theoretische Grundlagen
- Der Reiter muss die komplizierten, nahtlos ineinander übergehenden drei Abschnitte der Lektion – Aufnehmen des Pferdes, Wenden, Herausreiten – theoretisch voll beherrschen und ohne Hast, aber schnell und aufeinander folgend in sich schlüssige Hilfen geben können.

Sitz
- Der zunächst gerade, auf den beiden Gesäßknochen und dem Spalt gleichmäßig sitzende Reiter muss in der Lage sein, seinen unabhängigen Sitz den sich relativ schnell wechselnden Gegebenheitender Übung anzupassen. Dies ist insbesondere dann gefordert, wenn er nach der Parade für die eigentliche Wendung das Gewicht nach innen verlagern und sich ohne in der Hüfte einzuknicken mit seiner Schulterachse parallel zu der des Pferdes ausrichten muss.

Voraussetzungen des Pferdes

Physiologische Grundlagen
- Unabdingbare Voraussetzungen für diese Lektion sind ein an der Basis festgestellter und mäßig bis gut aufgerichteter Hals und eine freie Schulter, die das ungehinderte Übertreten der Vorderbeine erst ermöglicht.

- Muskulatur der Hinterhand und Hankenbeugung müssen so weit ausgebildet sein, dass ein dynamisches Auf- und Abfußen auf kleinstem Raum gewährleistet werden kann.

Rittigkeit
- Das Pferd nimmt unterschiedlich wirkende Hilfen korrekt wahr und befolgt sie zügig.
- Vor allem der Übergang vom Trab in den Schritt und umgekehrt ist absolut sicher erarbeitet.
- Das Pferd befindet sich weitestgehend im Gleichgewicht und kann deshalb Vorwärtsbewegungen flüssig in Seitwärtsbewegungen umwandeln.

Durchführung

Vorbereitende Übungen

Die nötige Aufmerksamkeit des Pferdes fördert der Reiter durch Übergänge innerhalb einer Gangart, während er die speziell für die Kurzkehrtwendung erforderliche Einwirkung dem Pferd durch Lektionen mit ähnlich diagonaler Hilfengebung vertraut machen kann. Hierzu bieten sich besonders das Reiten in Stellung, Schultervor, Zirkel oder Viereck verkleinern und vergrößern, kleinere Volten sowie Kehrtvolten aus der Ecke an.

Bewährt hat sich auch, die Übung vom dritten oder vierten Hufschlag aus knapp vor Erreichen der kurzen Seite nach außen zu reiten. Nach der Einleitung der Wendung sorgt die Bande auf natürliche Weise für die nötige Raumbegrenzung und entlastet den Reiter in Bezug auf Handeinwirkungen deutlich, sodass er sich ganz auf die vortreibenden Hilfen konzentrieren kann.

Vorbereitung der Lektion

Die Kurzkehrtwendung wird aus dem verkürzten Trab oder Schritt entwickelt. Grundsätzlich kann sie an jedem Punkt der Bahn geritten werden, wird aber meist an der Bande verlangt, die den Reiter bei der Ausführung unterstützen kann.

Das in sich gerade gerichtete Pferd wird im Schritt oder Trab durch geringfügiges Nachfassen des inneren Zügels und leichtes Anheben der inneren Hand abgestellt und gestellt, bis der Reiter den inneren Augen- und Nüsternrand schimmern sieht. Am angegebenen Punkt wird mittels halber Paraden am äußeren Zügel aus dem Trab in einen möglichst verkürzten Schritt durchpariert oder der Schritt verkürzt. Dieser Übergang schließt das Pferd und garantiert für die Wendung tätige Hinterbeine bei guter Anlehnung und Aufrichtung. Zeitgleich dreht der Reiter seinen Oberkörper leicht nach innen, indem er die äußere Schulter vornimmt, während beide Schenkel den Schritt erhalten.

Mit dieser Drehung wandern, bei vorschriftsmäßig anliegenden Ellenbogen und gut getragenen Unterarmen, auch beide Zügelfäuste nach innen. Der innere Zügel befindet sich nun in der führenden, bei jüngeren Pferden sogar seitwärts weisenden Position, während der äußere Zügel am Hals anliegt und die Stellung deutlich begrenzt. Gleichzeitig drückt der vorn am Gurt liegende äußere Schenkel die Vorhand vom Hufschlag in die Bahn hinein und vervollständigt so den Impuls zur Wendung.

Hilfengebung

Mit der Reaktion des Pferdes auf die vorbereitende Hilfengebung beginnt die eigentliche Wendung, für die nun Hilfen nötig werden, die auf zwei Diagonalen arbeiten. Sie wirken in der Praxis natürlich nicht so klar getrennt wie hier der Anschauung halber geschildert, sondern werden über- und ineinander greifend so lange wiederholt, bis die Vorhand nach einer Wendung um 180 Grad die Innenkante des ersten Hufschlags wieder erreicht hat.

Auf der ersten Hilfendiagonale erhält der innere Schenkel den Gang: Er schiebt also die Schrittbewegung dem äußeren Zügel zu, der diese umformt, schließt und nach innen drückt und somit dem inneren Zügel beim Wenden hilft. Auf der zweiten Diagonale schiebt der äußere vor- und seitwärts treibende Schenkel anfänglich nur die Vorhand, später, hinter dem Gurt wirkend, auch die Mittel- und Hinterhand dem inneren Zügel zu, der die Stellung gibt und das Pferd seitwärts führt. Zusammen mit dem äußeren Zügel verhindert er außerdem, dass das Pferd zu sehr in die Bahn hineinkommt.

Der innere Schenkel am Gurt hat nur eine – wenngleich sehr wichtige – Funktion: Er muss dafür sorgen, die Bewegung zu erhalten. Korrigierend zum Einsatz kommt er lediglich dann, wenn eilig werdende Pferde abgefangen werden müssen.

Während sich nun die Vorhand in die Bahn zu schieben beginnt und sich das Pferd dabei in den Rippen biegen muss, verlagert der Reiter sein Gewicht vorsichtig nach innen, um das innere Hinterbein zu belasten, in der Hanke zu beugen und am Platz festzuhalten. Da die Bande in dieser Position ein seitliches Ausfallen der Hinterhand immer noch verhindert, können sich beide Schenkel am Gurt darauf beschränken, das Pferd in Bewegung zu halten und immer wieder an die Hände zu drücken, die mit geeigneten Impulsen an den Zügeln Stellung, Aufrichtung und Kaubewegung erhalten.

In dem Moment, wenn das wendende Pferd erstmalig mit den Vorderbeinen den zweiten Hufschlag erreicht, reduziert sich die seitliche Begrenzung der Hinterhand durch die Bande und es wird Zeit, den äußeren Schenkel verwahrend hinter den Gurt zu legen, um die Hinterhand auch weiterhin am Ausfallen zu hindern.

Abschluss der Lektion

Nach einer Wendung von 180 Grad erreicht das vorwärts-seitwärts geführte Pferd, in Richtung Bande gestellt und gebogen, wieder den Hufschlag. Durch den damit verbundenen Handwechsel muss der Reiter den bisherigen inneren, die Stellung gebenden Zügel, der nun zum äußeren wird, um das vorher verkürzte Maß verlängern und den seitwärts treibenden Schenkel in die normale vortreibende Position am Gurt vornehmen, sodass er das Pferd sofort geradeaus im Schritt antreten oder antraben lassen kann.

Bewertung

Die Kurzkehrtwendung gibt Aufschluss über den Stand der Entwicklung in der Feinabstimmung zwischen Reiter und Pferd. Vor allem die Paraden zu Beginn der Wendung zeigen auf, wie durchlässig das vorgestellte Pferd Hilfen annimmt, während aus der Art des Herausreitens erkennbar wird, ob das Pferd im Verlauf der Wendung konstant vor den treibenden Hilfen geblieben ist.

Kritische Momente

Kritische Momente ergeben sich vor allem dann, wenn eine Vorwärtsbewegung in eine Drehbewegung umzuwandeln ist, während es umgekehrt wohl kaum Schwierigkeiten geben dürfte. Um hier für das Pferd die richtigen Voraussetzungen zu schaffen, ist nicht nur die optimale Ausgangsposition wichtig, sondern auch die Wahl des richtigen Tempos, das einerseits Fliehkräfte minimiert, andererseits aber nicht zu viel Eigendynamik und Ausstrahlung nehmen darf.

Ganz wichtig für die gelungene Ausführung ist die richtige Dosierung der Hilfen je nach Typ und Tagesform des Pferdes. Bei fauleren Pferden werden die Paraden zum verkürzten Schritt so vorsichtig gegeben, dass für die eigentliche Wendung noch genügend Bewegungsenergie vorhanden ist und das Pferd nicht ins Stocken gerät. Demgegenüber müssen die verhaltenden Hilfen bei sehr fleißigen oder nervigen Pferden zugunsten der Aufrichtung ruhig etwas deutlicher und vor allem früh genug gegeben werden.

> Die Erfahrung zeigt, dass bei noch jungen Pferden und vor allem bei der Kurzkehrtwendung aus dem Trab die Vorbereitungen etwas deutlicher und früher beginnen sollten, damit dem Pferd vor der eigentlichen Wendung noch ein oder zwei verkürzte Schritt-Tritte verbleiben, um sicher ins Gleichgewicht zu kommen.

Erreichbarer Schwierigkeitsgrad

Die Kurzkehrtwendung dient als Vorbereitung für die Schrittpirouetten und findet ihren maximalen Schwierigkeitsgrad im weiteren Verlauf in den ganzen Galopppirouetten.

Fehler und Korrekturen

Unzweckmäßige Paraden

Gerade unerfahrene Reiter neigen dazu, Paraden zur falschen Zeit und in falscher Stärke zu reiten. Die einen parieren zu spät oder kommen nicht durch, wodurch sich die Wendung unnötig vergrößert, während die anderen zu abrupt parieren, sodass die Pferde stehen bleiben und erst mühsam wieder in Gang gebracht werden müssen. In beiden Fällen gelingt die Wendung nur selten am verlangten Punkt und die Reiter sind dazu gezwungen, unter Zeitdruck zu improvisieren. Die Ursache ist nicht in erster Linie in einer mangelnden, unbeständigen Rittigkeit des Pferdes zu suchen, sondern vor allem beim Reiter, der nicht in der Lage ist, Übergänge richtig einzuleiten und dabei schon vor der eigentlichen Lektion die Durchlässigkeit seines Pferdes zu überprüfen. Um Abhilfe zu schaffen, muss deshalb nicht nur die Rittigkeit des Pferdes insbesondere durch das Reiten vieler Übergänge auch innerhalb einer Gangart verbessert werden. Vor allem kommt es darauf an, dass der Reiter seine vorbereitenden Hilfen verbessert und die punktgenau gerittene Kurzkehrtwendung auch ohne Anlehnung an die Bande immer wieder übt.

Schließen

Beim Schließen macht das Pferd meist mit einem Hinterbein einen fehlerhaften Schritt zur Seite. Dadurch wird ein flüssiges Herumtreten der Hinterhand verhindert und aus einer klaren Schrittarbeit wird eine undefinierbare Bewegung, bei der sich das Pferd außerdem zu wenig nach vorne an das Gebiss schiebt. Der Reiter hat das Gefühl, als ob das Pferd in unregelmäßigem Takt hinter ihm herumwackelt und nicht vortreten will. Es bietet der Hand keine zuverlässige Anlehnung und neigt zu Zungenfehlern.

Abgesehen von einem ungenügend geschulten Gleichgewicht ist die Ursache in einer gefühllos gegebenen Parade zu suchen, durch die das Pferd auf die Vorhand fällt, während überschüssige Bewegungsenergie die Hinterhand breitbeinig in die Bahn treibt.

Der Fehler ist nicht nur zu spüren und zu sehen, sondern meist auch zu hören, weil häufig der äußere Huf auf die schräge Wand des inneren Hufes tritt. Verletzungen im Bereich des Kronrandes sind dabei nicht auszuschließen.

Zunächst muss geprüft werden, dass keine falsche Hilfengebung wie mangelnde Vorbereitung oder ein zu frühes Zurücklegen des äußeren Schenkels das Pferd zu diesem Fehler verleitet. Ansonsten kommt es vor allem darauf an, das fleißige Arbeiten der Hinterbeine, insbesondere das Vortreten, anzuregen. Damit das Pferd sicher untertritt, bietet sich zur Korrektur zum Beispiel auch eine größer gerittene Kurzkehrtwendung aus dem Schultervor an immer wechselnden Punkten an.

Wendung um die Mittelhand

Eine weitere fehlerhafte und ebenfalls häufig zu beobachtende Ausführung ist die Wendung um die Mittelhand. Vor- und Hinterhand weichen zu gleichen Teilen seitlich aus, das Pferd dreht über seine Körpermitte. Im ersten Drittel der Kurzkehrtwendung wird dieser Fehler meist durch die Bande verhindert, tritt danach aber umso deutlicher zutage. Ein typisches Erkennungszeichen ist nicht nur ein deutlich hörbares Schaben des äußeren Sprunggelenks oder der Hinterbacke und Schweifrübe an der Bande, sondern auch eine Beendigung der Lektion fernab des ersten Hufschlags.

Verantwortlich ist neben ungenügend wirkenden Paraden vor allem ein zu wenig zurückgelegter oder durchkommender äußerer Schenkel in Verbindung mit einem stark ziehenden inneren Zügel. Erst wenn der Rei-

Beim Verschränken treten die Hinterbeine nicht mehr mit und scheinen sich im Verlauf der Wendung in den Boden einzudrehen.

ter verstanden hat, dass ein Pferd mit den äußeren Hilfen nach innen in die Wendung hinein gedrückt werden muss, kann sich dieser Fehler bessern. Alle Übungen, die vor- und seitwärts treibende Schenkel verlangen – zum Beispiel Viereck verkleinern und vergrößern oder Traversalverschiebungen –, können unterstützend helfen.

Verschränken

Zu einem Verschränken der Hinterbeine kommt es dann, wenn ein Pferd meist nach der ersten Wendehilfe aufgrund fehlender vortreibender Impulse die steifen Hinterläufe untätig stehen lässt. Sie kreuzen im weiteren Verlauf der Drehung und scheinen sich immer tiefer in den Sand zu bohren. Diese labile Stütze vermittelt dem Reiter das Gefühl, auf einem schwankenden Brett zu sitzen, das sich immer mehr in die Länge zieht, schließlich nach unten durchhängt und in der Mitte auseinander zu brechen droht. Betroffen sind meist Pferde, denen jegliche Vorwärtstendenz mit scharfen Paraden abgewöhnt wurde, um so schnell wie möglich die Wendung sehr klein zu reiten.

Zur Korrektur ist alles geeignet, was die Hinterbeine in Bewegung bringt. Verstärkt vortreibende Maßnahmen in betont groß gehaltenen Wendungen, notfalls bis zur traversalähnlichen Verschiebung auf Voltengröße, sind richtig, wenn sich dabei nur Vortritt, Anlehnung, Geschlossenheit und Rippenbiegung verbessern. Wichtig ist es, die Lektion konsequent durch sofortiges Geradeausreiten abzubrechen und anschließend neu aufzubauen, falls die Hinterbeine zum Stillstand gekommen sind. Hilfreich und für manche Pferde einfacher kann auch die Herleitung der Übung aus dem Verkleinern des Zirkels sein, an dessen Ende nach der Volte die Kurzkehrtwendung steht. Die Hilfen für die Spirale sind beinahe identisch und lassen sich außerdem bis zur eigentlichen Wendung übersichtlich steigern. Auch hat der korrigierende Reiter auf dem Weg zur Mitte genügend Zeit, um das Pferd in Ruhe vorzubereiten und den für die Wendung günstigsten Augenblick abzupassen.

Taktfehler

Kurzkehrtwendungen aus dem Trab sind – vom Übergang einmal abgesehen – meist nicht so gefährdet für Taktfehler wie Wendungen aus dem Schritt. Die zuvor gezeigte Schrittarbeit hat sich dem aufmerksamen Beobachter hinsichtlich Raumgriff, mechanischem Ablauf und Takt eingeprägt, sodass negative Abweichungen sofort auffallen. Fehler im Takt können schon bei allerkleinsten Unstimmigkeiten auftreten und selbst der Könner fühlt sie oft erst dann, wenn sie schon geschehen sind. Gegenmaßnahmen kommen deshalb in der Regel zu spät und können bestenfalls nur noch Schlimmeres verhindern.

Für dauerhafte Abhilfe sorgen deshalb nur vorbeugende Maßnahmen, die auf eine noch bessere Durchlässigkeit des Pferdes in Verbindung mit einer guten Feinabstimmung abzielen. Dadurch wird es möglich, die Lektion mit absolut vorsichtiger Hilfengebung zu reiten, sodass Haltung und Takt vom Pferd beinahe selbstständig beibehalten werden.

Bemerkungen

Beim Abteilungsreiten ruft kein anderes Kommando dieser Kürze bei den Reitschülern einen derartigen Arbeitsaufwand hervor. Die Ausführung erfolgt in der Regel auf dem Hufschlag der langen Seite. Der versierte Abteilungsreiter wird auf die Ankündigung „Abteilung Kurzkehrt" die für die Übung nötige Innenstellung herbeiführen. Auf das Kommando „Marsch" muss er unter Umständen aus dem Trab zum Schritt durchparieren, diesen verkürzen, wenden und selbstständig wieder antraben. Die Abteilung befindet sich nun auf der anderen Hand, sodass der bisherige Schlussreiter jetzt vorne ist.

Damit die Vorbereitung der Lektion gelingt, ist es für den Ausbilder wichtig, vor dem Ausführungskommando „Marsch" eine genügend lange Pause zu lassen. Bei der wertvolleren Ausführung als Einzelaufgabe mit begleitender Korrektur ist der genaue Punkt anzugeben, an dem die Wendung geritten werden soll.

Trotz der vielfältigen Fehler, die diese Lektion birgt, gehören ausführliche Erklärungen in den Bereich des theoretischen Unterrichts. Der Ausbilder sollte auch beachten, dass die mehrfache Wiederholung dieser Übung, vor allem aus dem Trab heraus, große Anforderungen an die Kondition der Reiter stellt. Er wird sie deshalb nur sehr sparsam und nach genügend langen Pausen abfordern.

7. Hinterhandwendung

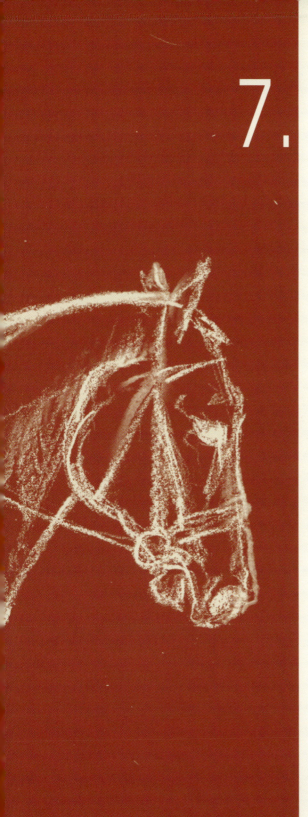

Die Lektion ist richtig ausgeführt, wenn das Pferd aus dem Halten heraus bei mäßiger Aufrichtung in sich gebogen und im klaren Viertakt des Schrittes mit der Vorhand in Richtung seiner Abstellung und Stellung um die Hinterhand herumgeht.

Die Hinterhandwendung führt das Pferd einer überwiegend diagonalen, versammelnd wirkenden Hilfengebung zu und schult es, den äußeren Zügel anzunehmen. Dem Reiter im leichten und mittleren Ausbildungsbereich bringt sie die weitergehende Wirkungsweise von diagonalen Hilfen, insbesondere aber das Gefühl der Kontrolle über die Schulter des Pferdes nahe. Je nach Ausführung wirkt die Lektion schließend bis versammelnd. Die Übung verbessert Gleichgewicht, Tragkraft der Hinterhand, Rippenbiegung und Schulterfreiheit. Die Muskulatur von Bauch, Rücken und Oberhals sowie der Kapuzenmuskel als wesentlicher Muskel für die Aufrichtung des Halses werden gestärkt.

Die Vorderbeine bewegen sich dabei ohne Eile mit größerem seitlichem Raumgriff auf größerem Halbkreis als die auf einem kleineren Halbkreis tätigen Hinterbeine und schieben dadurch die Vor- und Mittelhand des Pferdes in einer 180 Grad-Wendung um einen Punkt herum, der dem inneren Hinterfuß möglichst nahe liegt. Dieser innere Hinterfuß tritt bei

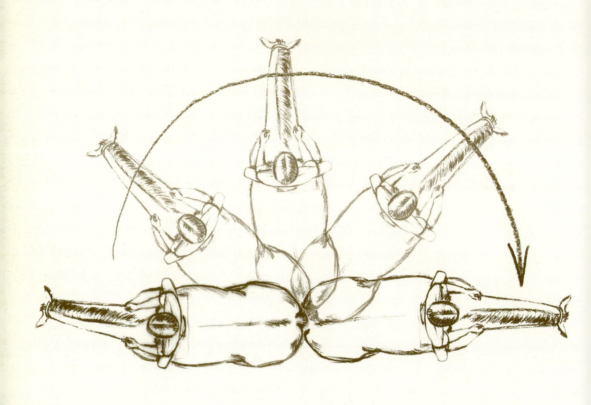

Hinterhandwendung von oben betrachtet: Das Pferd tritt mit der Vorhand um die Hinterhand herum.

jedem Schritt deutlich in Richtung Schwerpunkt unter. Das äußere Hinterbein arbeitet dicht daneben ohne überzutreten. Nur das äußere Vorderbein tritt seitwärts vor und über das innere.

Die Wendung um die Hinterhand ist eine handwechselnde Lektion, die mit einem geringen Vortritt beginnt und endet und sich somit aus drei Abschnitten zusammensetzt: Anreiten, eigentliche Wendung und abschließende ganze Parade zum Halten.

Obwohl sich die Vorder- und Hinterbeine auf zwei verschieden großen halbkreisförmigen Linien bewegen, werden die Bewegungsabläufe der vier Beine durch die vier Takte und acht Phasen des Schrittes bestimmt.

Hinterhandwendung

Das Pferd ist in Bewegungsrichtung gestellt und gebogen. Das äußere Vorderbein tritt vor und über das innere Vorderbein. Das innere Hinterbein hebt sich, um unter den Schwerpunkt des Pferdes zu treten. Weniger Stellung und eine bessere Aufrichtung wäre wünschenswert.

Voraussetzungen

Reiterliche Voraussetzungen

Theoretische Grundlagen
- Der Reiter muss die komplizierten, nahtlos ineinander übergehenden drei Abschnitte der Lektion theoretisch voll beherrschen.

Sitz
- Der zunächst gerade, auf den beiden Gesäßknochen und dem Spalt gleichmäßig sitzende Reiter muss in der Lage sein, seinen unabhängigen Sitz den sich relativ schnell wechselnden Gegebenheiten der Übung anzupassen. Darauf aufbauend muss er schnell aufeinander folgend, aber ohne Hast, die erforderlichen Hilfen geben können.
- Für die eigentliche Wendung muss der Reiter das Gewicht nach innen verlagern und seine Schulterachse parallel zu den Pferdeschultern ausrichten können, ohne in der Hüfte einzuknicken.

Voraussetzungen des Pferdes

Physiologische Grundlagen
- Unabdingbare Voraussetzungen für diese Lektion sind ein an der Basis festgestellter und mäßig aufgerichteter Hals und eine freie Schulter, die das ungehinderte Übertreten der Vorderbeine erst ermöglicht.
- Muskulatur der Hinterhand und Hankenbeugung müssen so weit ausgebildet sein, dass ein dynamisches Auf- und Abfußen insbesondere mit dem inneren Hinterbein auf kleinstem Raum gewährleistet werden kann.

Rittigkeit
- Das Pferd kann sich konzentrieren, nimmt unterschiedlich wirkende Hilfen korrekt wahr und befolgt sie zügig.
- Das Gleichgewicht des Pferdes ist so weit geschult, dass es sich insbesondere mit den Hinterbeinen sehr schmal fußend auf kleinem Halbkreis bewegen kann.

Durchführung

Vorbereitende Übungen

Die Wendung um die Hinterhand wird überwiegend in den leichten Klassen verlangt, wo den meisten Reitern und Pferden auf Grund der Unerfahrenheit nur eine beschränkte Anzahl von vorbereitenden Lektionen zur Verfügung stehen dürfte. Durch Übungen wie das Anreiten oder Antraben aus dem Halten kann man jedoch den richtigen Antritt sicherstellen und dem Pferd durch Lektionen mit ähnlich diagonaler Hilfengebung die für die Hinterhandwendung erforderliche Einwirkung nahe bringen. Hierzu bieten sich besonders das Schultervor, Zirkel oder Viereck verkleinern und vergrößern, kleinere Volten sowie Kehrtvolten aus der Ecke an.

Vorbereitung der Lektion

> Die Hinterhandwendung wird immer aus dem Halten entwickelt. Die Aufstellung erfolgt meist Mitte der langen oder kurzen Seite auf dem Hufschlag.

Bewährt hat sich auch, für diese Lektion auf dem dritten oder vierten Hufschlag vor der kurzen Seite Aufstellung zu nehmen und die Wendung nach außen in Richtung Ecke und Bande zu üben. Nach dem Anreiten und der Einleiten der Wendung sorgt die Bande für die nötige Begrenzung und entlastet den Reiter in Bezug auf Handeinwirkungen deutlich, sodass er sich ganz auf die vortreibenden Hilfen konzentrieren kann.

Das geschlossen aufgestellte Pferd wird mit halben Paraden aufmerksam gemacht. Zugleich wird es dadurch zum Abkauen gebracht, um die bei unruhig stehenden oder widersetzlichen Pferden zu beobachtenden Spannungen und Widerstände im Bereich der Ganaschen, der Ohrspeicheldrüsen und des Genicks von vornherein zu vermeiden.

Durch ein geringfügiges Verkürzen des inneren Zügels und leichtes Anheben der inneren Zügelfaust wird eine gleichmäßige, zunächst nur leichte Stellung und Abstellung gefordert. Während beide Schenkel das Pferd zum Antritt veranlassen, sorgt im Moment der ersten Bewegung der etwas nachgebende äußere Zügel für die endgültige Stellung, Gleichzeitig dreht der Reiter seinen Oberkörper leicht nach innen in Richtung Wendung, indem er die äußere Schulter vornimmt.

Mit dieser Drehung wandern, bei vorschriftsmäßig anliegenden Ellenbogen und gut getragenen Unterarmen, auch beide Zügelfäuste nach innen. Der innere Zügel befindet sich nun in der führenden, bei jüngeren Pferden sogar seitwärts weisenden Position, während der äußere Zügel am Hals anliegt und die Stellung deutlich begrenzt. Gleichzeitig drückt der vorn am Gurt liegende äußere Schenkel die Vorhand vom Hufschlag in die Bahn hinein und vervollständigt so den Impuls zur Wendung.

Hilfengebung

Mit der Reaktion des Pferdes auf die vorbereitende Hilfengebung beginnt die eigentliche Wendung, für die nun Hilfen nötig werden, die auf zwei Diagonalen arbeiten. Sie wirken in der Praxis natürlich nicht so klar getrennt wie hier der Anschauung halber geschildert, sondern werden über- und ineinander greifend so lange wiederholt, bis die Vorhand nach einer Wendung um 180 Grad die Innenkante des ersten Hufschlags wieder erreicht hat.

Auf der ersten Hilfendiagonale erhält der innere Schenkel den Gang: Er schiebt also die Schrittbewegung dem äußeren Zügel zu, der diese umformt, schließt und nach innen drückt und somit dem inneren Zügel beim Wenden hilft. Auf der zweiten Diagonale schiebt der äußere vor- und seitwärts treibende

Schenkel anfänglich nur die Vorhand, später, hinter dem Gurt wirkend, auch die Mittel- und Hinterhand dem inneren Zügel zu, der die Stellung gibt und das Pferd seitwärts führt. Zusammen mit dem äußeren Zügel verhindert er außerdem, dass das Pferd zu sehr in die Bahn hineinkommt.

Der innere Schenkel am Gurt hat nur eine – wenngleich sehr wichtige – Funktion: Er muss dafür sorgen, die Bewegung zu erhalten. Korrigierend zum Einsatz kommt er zusammen mit dem inneren Zügel lediglich dann, wenn eilig werdende Pferde abgefangen werden müssen.

Während sich nun die Vorhand in die Bahn zu schieben beginnt und sich das Pferd dabei in den Rippen biegen muss, verlagert der Reiter sein Gewicht vorsichtig nach innen über den Schwerpunkt des Pferdes, um das innere Hinterbein vermehrt zu belasten, in der Hanke zu beugen und am Platz festzuhalten. Da die Bande in dieser Position ein seitliches Ausfallen der Hinterhand immer noch verhindert, können sich beide Schenkel am Gurt zunächst darauf beschränken, das Pferd in Bewegung zu halten und immer wieder an die Hände zu treiben, die mit geeigneten Impulsen über die Zügel Stellung, Aufrichtung und Kaubewegung erhalten.

In dem Moment, wenn das wendende Pferd erstmalig mit den Vorderbeinen den zweiten Hufschlag erreicht, reduziert sich die seitliche Begrenzung der Hinterhand durch die Bande und es wird Zeit, den äußeren Schenkel verwahrend hinter den Gurt zu legen, um die Hinterhand auch weiterhin am Ausfallen zu hindern. Bei Bedarf wird dieser Schenkel auch seitwärts treibend einwirken.

Abschluss der Lektion

Nach einer Wendung von 180 Grad erreicht das in Richtung Bande gestellte und gebogene Pferd mit der Vorhand erneut den Hufschlag und befindet sich nun auf der anderen Hand. Soll als nächste Lektion nicht, wie früher häufig verlangt, der Außengalopp folgen, wird der Reiter in der letzten Bewegungsphase während der ganzen Parade mit dem inneren, bisher die Stellung sichernden Zügel etwas nachgeben. Dadurch erlaubt er dem Pferd, sich durch einen halben Tritt nach vorne geradezurichten, die Stellung und Biegung aufzulösen und auf dem Hufschlag korrekt Aufstellung zu nehmen.

Nun wird der innere Zügel wieder um das vorher verkürzte Maß verlängert und anschließend der seitwärts treibende Schenkel in die vortreibende Position am Gurt vorgelegt.

Bewertung

Die Hinterhandwendung zeigt dem sachkundigen Betrachter an, inwieweit das Pferd in der Lage ist, sich vom Gebiss abzustoßen, sich zu schließen und auf kleinem Raum lateral gestellt und gebogen zu bewegen. Die Arbeitsweise des inneren Hinterbeins kann einen Hinweis darauf liefern, mit welchem Geschick sich das Pferd später in der Piaffe bewegen wird. Außerdem bietet die Lektion eine Kontrolle der Feinabstimmung zwischen Pferd und Reiter, da der Reiter trotz gewisser Unterstützung durch die Bande sein Pferd stets sicher vor den treibenden Hilfen halten muss.

Kritische Momente

Kritische Momente ergeben sich vor allem aus den Übergängen zwischen den drei Abschnitten der Lektion: dem Anreiten, dem Wenden und dem abschließenden Halten. Die größte Herausforderung liegt in dem Übergang zwischen der ersten und der zweiten Phase, wenn der Reiter sofort nach dem Antritt die Vorwärtsbewegung in eine Seitwärtsbewegung umwandeln muss. Entscheidend dabei ist die richtige Dosierung der Hilfen je nach Temperament und Tagesform des Pferdes. Eher faule Pferde benötigen zum Antritt so deutliche Hilfen, dass für die eigentliche Wendung noch genügend Bewegungsenergie übrig ist. Bei sehr fleißigen oder nervigen Pferden dürfen die vortreibenden Hilfen nur sehr vorsichtig gegeben werden, damit das Antreten nicht zu abrupt erfolgt, die Pferde gegen das Gebiss stoßen und vielleicht deshalb zurücktreten.

Erreichbarer Schwierigkeitsgrad

Die Hinterhandwendung bildet über die Kurzkehrtwendung und die Schrittpirouette im weiteren Verlauf der Ausbildung die Basis für die ganzen Galopppirouetten.

Fehler und Korrekturen

Wie bei allen anderen Wendungen ergeben sich auch hier durch den ungeschickten oder überwiegenden Gebrauch der Zügel die häufigsten Fehler. Überstellte, im Genick völlig verworfene Pferde über und hinter dem Zügel sind die oft zu sehenden Folgen.

Schließen

Beim Schließen macht das Pferd meist mit einem Hinterbein einen fehlerhaften Schritt zur Seite. Dadurch wird ein flüssiges, taktmäßiges Herumtreten der Hinterhand verhindert und aus einer klaren Schrittarbeit wird eine undefinierbare Bewegung, bei der sich das Pferd außerdem zu wenig nach vorne an das Gebiss schiebt. Der Reiter hat das Gefühl, als ob das Pferd ungleichmäßig hinter ihm herumwackelt und nicht vortreten will. Es bietet der Hand keine zuverlässige Anlehnung und neigt zu Zungenfehlern.

Abgesehen von einer zu breiten Anfangsaufstellung und einem ungenügend geschulten Gleichgewicht ist die Ursache meist im falschen Antritt zu suchen. Die Hinterhand drängt sofort seitlich in die Bahn und kommt so neben die Vorhand, anstatt sich zunächst nach vorne zu bewegen. Der Fehler ist nicht nur zu spüren und zu sehen, sondern meist auch zu hören, weil häufig der äußere Huf auf die schräge Wand des inneren Hufes tritt. Verletzungen im Bereich des Kronrandes sind dabei nicht auszuschließen.

Zunächst muss geprüft werden, ob nicht ein zu frühes Zurücklegen des äußeren Schenkels das Pferd zu diesem Fehler verleitet. Bei einem übereifrigen Pferd, das ebenfalls zum Schließen neigt, sollte die Lektion nur selten geritten werden. Ansonsten kommt es vor allem darauf an, den richtigen Antritt des Pferdes nach vorne zu sichern. Zur Korrektur bietet es sich auch an, schon vor dem Anhalten zur Grundaufstellung die Vorhand schultervorartig in die Bahn zu richten, dann einige Meter anzureiten und erst dann zu wenden, wenn die Vorwärtsbewegung absolut sichergestellt ist.

Bestehen Mängel in der Einwirkung des inneren Schenkels, kann die Wendung auch aus der Bewegung heraus mit gut vorgerichteter Schulter nach vorsichtig verkürztem Schritt als größere Kurzkehrtwendung an immer wechselnden Punkten geübt werden.

Wendung um die Mittelhand

Eine weitere fehlerhafte und ebenfalls häufig zu beobachtende Ausführung ist die Wendung um die Mittelhand. Vor- und Hinterhand weichen zu gleichen Teilen seitlich aus, das Pferd dreht über seine Körpermitte. Im ersten Drittel der Wendung wird dieser Fehler meist durch die Bande verhindert, tritt danach aber umso deutlicher zutage. Ein typisches Erkennungszeichen ist nicht nur ein deutlich hörbares Schaben des äußeren Sprunggelenks oder der Hinterbacke und Schweifrübe an der Bande, sondern auch eine Endaufstellung fernab des ersten Hufschlags.

Verantwortlich ist neben einer schlechten Grundaufstellung vor allem ein zu wenig zurückgelegter oder durchkommender äußerer Schenkel in Verbindung mit einem stark ziehenden inneren Zügel. Erst wenn der Reiter verstanden hat, dass ein Pferd nur mit den äußeren Hilfen nach innen gewendet werden kann, wird sich dieser Fehler bessern. Übungen wie das Viereck oder Zirkel verkleinern und vergrößern, die eine zweckmäßige Dosierung der vor- und seitwärts treibenden Hilfen verlangen, können unterstützend helfen.

Verschränken

Zu einem Verschränken der Hinterbeine kommt es dann, wenn ein Pferd meist nach dem ersten Antritt aufgrund fehlender vortreibender Impulse seine Hinterbeine untätig stehen lässt. Sie kreuzen im weiteren Verlauf der Wendung und scheinen sich immer tiefer in den Sand zu drehen. Diese labile Stütze vermittelt dem Reiter das Gefühl, auf einem schwankenden Brett zu sitzen, das sich immer mehr in die Länge zieht, schließlich nach unten durchhängt und in der Mitte auseinander zu brechen droht. Zum Verschrenken neigen meist Pferde, denen jegliche Vorwärtstendenz sehr früh mit harten Mitteln abgewöhnt wurde, um so schnell wie möglich die Wendung sehr klein zu reiten.

Zur Korrektur ist alles geeignet, was die Hinterbeine in Bewegung bringt. Dazu gehören das energisches Anreiten und Antraben aus dem Halten, aber auch große, pirouettenähnliche Wendungen,

Hinterhandwendung

Mangelnde vortreibende Hilfen sind die Ursache für das Stehenbleiben der Hinterbeine.

wenn sich dabei nur Vortritt, Anlehnung und Geschlossenheit verbessern. Wichtig ist, die Handeinwirkung zu begrenzen und die Lektion konsequent durch sofortiges Geradeausreiten abzubrechen und anschließend neu aufzubauen, falls die Hinterbeine stehen bleiben.

Übertreten der Hinterbeine

Immer weniger Beachtung bei Richtern und Ausbildern scheinen fehlerhaft übertretende Hinterbeine zu finden. Wie auch bei der Kurzkehrtwendung und der Schrittpirouette ist das Übertreten der Hinterbeine im gesamten Verlauf der Wendung unerwünscht und allenfalls während des letzten Trittes erlaubt, um der Hinterhand eine Rückkehr auf den Hufschlag zu erlauben. Übertretende Hinterbeine vermindern nicht nur die Versammlungsfähigkeiten und stellen die Schrittarbeit in Frage, sondern vergrößern die Hinterhandwendung auch unnötig.

Der Fehler tritt dann auf, wenn der Reiter die Hinterhand traversartig nach innen schiebt und das äußere Hinterbein dabei überzutreten beginnt. Die Arbeit der seitwärts arbeitenden Vorhand wird dadurch aufgehoben, sie kommt nicht herum. Die Vorstellung ähnelt eher einem seitlichen Wettlauf zwischen Vor- und Hinterhand, bei dem die Vorhand nur mühsam die Oberhand zu gewinnen scheint.

Die Korrektur ist einfach. Der äußere Schenkel wird nicht mehr so weit zurückgenommen und weniger aktiv und darf nur bei bereits deutlich vorgerichteter Schulter einwirken. Sollte der Fehler bereits eingeschliffen sein, muss ihn der leicht zurückgenommene innere Schenkel korrigieren. Unter Umständen kann es sich anbieten, die Lektion vom dritten Hufschlag aus in Richtung der Ecken zu reiten, um dem Pferd mit der Hallenbande eine natürliche Begrenzung zu bieten. Der Reiter muss sich nach sorgfältiger vorbereitender Arbeit dann nur darauf konzentrieren, sein Pferd vor den treibenden Schenkeln zu behalten.

Zurücktreten oder Vortreten

Ein zu weites Vortreten bei der Hinterhandwendung ist als der kleinere Fehler zu bewerten. Auf eine völlig falsche Einwirkung oder eine mangelhafte Rittigkeit des Pferdes weist dagegen das Zurücktreten hin. Leider sind immer wieder Pferde zu sehen, die ruckartig mit Hals und Kopf nach unten abtauchen anstatt nach vorne anzutreten. Mit steifem Genick drücken sie gegen das Gebiss, stoßen sich ab und laufen rückwärts. Der Reiter kann mit der enormen Last auf der Hand und den meist völlig wirkungslos weit hinter dem Gurt liegenden Schenkeln nichts mehr ausrichten.

Es erfordert gut geschlossene Zügelfäuste und eine ausgebildete Bauch- und Rückenmuskulatur, um dem plötzlich auftretenden Zug entgegenzuwirken. Eine energische Schenkelhilfe, notfalls unterstützt durch den Sporn, muss diese Unart schon im Moment ihres Auftretens unterbinden.

Bemerkungen

Die Hinterhandwendung kann sehr gut auch in der Abteilung geritten werden. Die Aufstellung erfolgt meist aus dem Schritt auf dem Hufschlag der langen Seite. Es ist darauf zu achten, dass zwischen dem Ankündigungskommando „Abteilung Wendung auf der Hinterhand" und dem Ausführungskommando „Marsch" genügend Zeit bleibt, damit die Reiter ihre Pferde sorgfältig auf die Lektion vorbereiten können.

Hinterhandwendung

Nach Abschluss der Übung hat die Abteilung die Hand gewechselt, sodass sich der bisherige Schlussreiter nun an der Tete befindet.

Bei der wertvolleren Ausführung als Einzelaufgabe mit individueller Korrektur wird nicht nur weitestgehend verhindert, dass sich clevere Schulpferde im Laufe der Zeit schon vor den Einwirkungen des Reiters selbstständig herumdrehen. Sie sorgt durch die Vielzahl an auftretenden Fehlern und Korrekturmöglichkeiten auch für einen besonders aufschlussreichen Unterricht für die interessierten Reiter, die gerade nicht an der Reihe sind. Ausführliche Erklärungen gehören nichtsdestotrotz in den Bereich des theoretischen Unterrichts.

8. Rückwärtsrichten

Der Zuschauer sieht bei richtiger Ausführung ein durchlässiges, gut aufgerichtetes Pferd, das in sich gerade in taktmäßiger, diagonal wechselnder Fußfolge mit konstanter Trittlänge energisch zurücktritt.

Das Pferd stützt sich dabei zunächst mit einem Beinpaar diagonal am Boden ab und schiebt sein Gewicht mit dem stützenden Hinterbein nach hinten, wo es von dem anderen diagonalen Beinpaar aufgenommen wird. Bei diesem ersten Tritt senkt sich die Kruppe stark ab und das schiebende Hinterbein wird unter dem Bauch beinahe vollständig gestreckt.

> Das Rückwärtsrichten dient dazu, Pferd und Reiter mit auf den ersten Blick in sich widersprüchlichen Hilfen zu konfrontieren und ihnen die Wirkungsweise der gemeinsam eingesetzten Gewichts-, Schenkel- und durchhaltenden Zügelhilfen näher zu bringen. Je nach Ausführung und Anzahl der Tritte wirkt das Rückwärtsrichten leicht schließend bis hoch versammelnd und hat positiven Einfluss auf die Beugefähigkeit der Hanken und die Beweglichkeit der Hüften und Lenden des Pferdes.

Das paarweise Zurücktreten der jeweils diagonalen Pferdebeine mag oberflächlich betrachtet an die Trabbewegung erinnern, unterscheidet sich von ihr jedoch deutlich durch das Fehlen der freien

Das Pferd bleibt beim Rückwärtsrichten gerade gerichtet. Die diagonal paarweise zurücktretenden Pferdebeine werden deutlich vom Boden angehoben.

Schwebephase. Das Rückwärtsrichten wird nach Tritten oder Pferdelängen bemessen, wobei eine Pferdelänge drei bis vier Tritten entspricht. Wird nach dem Rückwärtsrichten das Halten verlangt, so ist der letzte, als ein ganzer gezählte Tritt faktisch ein halber Tritt, damit beide Hinterbeine geschlossen nebeneinander stehen.

Voraussetzungen

Reiterliche Voraussetzungen

Theoretische Grundlagen
- Der Reiter ist mit dem theoretischen Ablauf der Lektion vertraut, verfügt über ein gutes Reaktionsvermögen und besitzt das nötige Gefühl, um seine Einwirkungen den Reaktionen des Pferdes anzupassen und entsprechend schnell aufeinander folgend und gut abgestimmt zu Hilfenkombinationen zusammenzufassen.

Sitz
- Der absolut geschlossene Dressursitz legt hier seinen Schwerpunkt auf eine ausreichende Steifigkeit des aufgerichteten Oberkörpers mit hervorragendem Schluss über Schulter, Ellenbogen und Armen zu den gut getragenen, geschlossenen Fäusten.
- Der Sitz ist so gefestigt, dass er sich aus der Mitte heraus notfalls schnell öffnen kann, um stark vortreibend zu wirken.

Voraussetzungen des Pferdes

Physiologische Grundlagen
- Das Pferd ist in sich gerade gerichtet und verfügt über einen an der Basis aufgerichteten und feststellbaren Hals.
- Die Nachgiebigkeit im Maul resultiert aus einer guten Kaubewegung.
- Die Gelenke der Hinterhand sind geschmeidig und gut zu beugen.

Rittigkeit
- Das Pferd verfügt über gefestigte Reaktionen auf vortreibende und verhaltende Einwirkungen.
- Es reagiert gelassen und ohne Hast und Panik auf schnell folgende Hilfen.
- Die nötige Mitarbeit und Durchlässigkeit ist verlässlich und jederzeit abrufbar.

Durchführung

Vorbereitende Übungen

Unabdingbare Voraussetzung für ein korrektes Rückwärtsrichten ist ein geschlossen stehendes Pferd. Darum gehören wiederholt gerittene ganze Paraden zum Halten sowie häufiges Anreiten, Antraben oder Angaloppieren aus dem Halten zu den vorbereitenden Übungen, die den Gehorsam auf die dann nötigen Einwirkungskombinationen trainieren können.

Vorbereitung der Lektion

> Die beste Vorbereitung der Lektion ist eine richtig gerittene ganze Parade zum Halten, da die hierzu notwendige Hilfengebung schon einen großen Teil der dann folgenden Einwirkung beinhaltet.

Nach der ganzen Parade steht das Pferd durch die gebeugten Gelenke unter Spannung und bleibt eingerahmt zwischen den Hilfen. Der Rahmen wird aufrechterhalten, bis sich das Pferd bei guter Aufrichtung ausbalanciert und abgekaut hat und dazu tendiert, den Hals fallen zu lassen. Das Pferd wird nun auch weiterhin unbeweglich stehen bleiben, wenn der Reiter vorsichtig seine Sitz-, Schenkel- und Zügelhilfen reduziert.

Durch die Spannung und die Aufstellung auf kleinem Raum bleibt das Pferd äußerst empfindlich und reaktionsfreudig, sodass der Reiter im weiteren Verlauf mit äußerster Behutsamkeit einwirken muss.

Hilfengebung

Die zum Rückwärtsrichten nötige Eingangsbewegung des Pferdes ähnelt der des Anreitens. Deshalb beginnt der Reiter mit seinen vortreibend am Gurt liegenden Schenkeln das Pferd so vorsichtig vorzutreiben, dass es nicht erschrickt, sich aber langsam nach vorne in Bewegung setzen will. Dazu wird es ein Bein anheben, während die anderen die Körpermasse nach vorne schieben wollen.

Die Verlagerung des Schwerpunktes in Bewegungsrichtung über die noch stehenden Beine geht mit einer Streckbewegung des Halses einher, die zusammen mit dem nach vorne gerichteten Bewegungsansatz das durch die gut getragenen Zügelfäuste fixierte Gebiss erreicht. Würde der Reiter jetzt nachgeben und die Bewegung nach vorne herauslassen, könnte das Pferd in den Schritt übergehen.

So aber wächst der Druck auf die beiden Unterkieferäste und geht allmählich in dem Maße über die leichte Anlehnung des stehenden Pferdes hinaus, wie sich das Pferd, vom vortreibenden Reiter weiter dazu angehalten, auf das Gebiss zuschiebt. Diesen Druck hat die durchhaltende Hand bei angelegten Ellenbogen, zurückgenommenen Schultern angespanntem Kreuz so lange auszuhalten, bis das Pferd reagiert.

Je nach Empfindsamkeit des Pferdes wird es schon sehr früh oder eher später, spätestens aber nach einem halben Tritt nach vorne, mit dem Bein zum ersten Schritt tritt noch in der Luft, durch den zunehmenden Druck am Unterkiefer seinen Irrtum erkennen und sich am Gebiss nach hinten abstoßen. Dazu richtet es sich vermehrt auf und schaukelt seinen Schwerpunkt über die am Boden verbliebenen Beine wieder zurück. Die anfangs erhobenen Beine stellt es nun statt zur Schrittbewegung nach vorne nach hinten ab. Somit beginnt das Rückwärtsrichten immer mit einem halben Tritt nach vorne und einem Dreivierteltritt nach hinten, der trotzdem als ganzer gezählt wird.

Damit die Bewegung in diesem hochsensiblen Augenblick nicht versiegt und das in sich zusammengeschobene Pferd stehen bleibt, muss der Reiter weiter treiben. Mit seinen Schenkeln in vortreibender Position am Gurt fordert er das Pferd auf, sich weiter zu bewegen. Die durchhaltende Zügelfaust veranlasst das durchlässige Pferd sich abzustoßen, sodass es die geforderte Bewegung nur nach rückwärts ausführen kann.

Während in der versammelten Vorwärtsbewegung die Schenkel dafür Sorge tragen, dass die Hinterbeine den Vorderbeinen möglichst nahe kommen, sorgen sie nun dafür, dass die Hinterbeine keinen größeren Raumgriff entwickeln können als die Vorderbeine, sodass das Pferd auch in seiner Rückwärtsbewegung nicht auseinander fallen kann. Die Spannung aus dem Halten bleibt also erhalten, während sich die Versammlung beim Rückwärtsrichten so weit steigern lässt, wie es dem Reiter gelingt, die Hinterbeine zu etwas kleineren Bewegungen zu veranlassen als die Vorderbeine. Dadurch nähern sich die Vorderbeine den Hinterbei-nen mit jedem Tritt etwas an. Dies gelingt jedoch nur dann, wenn das Pferd während des gesamten Verlaufes vor den treibenden Hilfen bleibt.

recht aufgerichtet war und die Schenkel am Gurt lagen. Die durchhaltenden Zügelfäuste und der Oberkörper des Reiters werden jetzt nachgiebig und für das Pferd besteht kein weiterer Grund mehr zum Abstoßen nach hinten. Es macht deshalb einen halben Tritt – der als ein ganzer gezählt wird – und kommt in sich gerade, auf vier gleichmäßig belasteten Beinen, unbeweglich und geschlossen zur Schlussaufstellung.

Die Hilfen, die zum Anreiten, Antraben oder Angaloppieren aus dem Rückwärtsrichten nötig sind, werden am besten dann gegeben, wenn sich das innere Hinterbein, das zum Antritt nach vorne gezogen werden muss, nicht gerade in der Stützphase befindet. Das Pferd würde sonst schnell verwirrt oder müsste erst anhalten, um sein Gewicht auf das äußere Hinterbein zu verlagern. Die Vorwärtsbewegung direkt aus dem Rückwärtsrichten verlangt dem Pferd eine flüssige Verlagerung seines Schwerpunktes von hinten nach vorne ab und wird nur dann richtig gelingen, wenn sein inneres Hinterbein es gleich in die verlangte Gangart schieben kann.

Abschluss der Lektion

Wird nach dem Rückwärtsrichten das Halten verlangt, ist das diagonal zurück schwingende Beinpaar des letzten Trittes durch vermehrtes Vortreiben auf halbem Wege abzufangen, damit es vom Pferd neben das andere gestellt werden kann. Diese Einwirkung kann nur gelingen, wenn der Oberkörper des Reiters während der gesamten Lektion senk-

Bewertung

Das Rückwärtsrichten gibt dem sachkundigen Betrachter Aufschluss über den erlangten Grad der Versammlung des vorgestellten Pferdes. Aber auch die Fähigkeit zur Durchlässigkeit, die Hankenbeugung und Streckbewegung der Hinterbeine sowie die Geschicklichkeit der reiterlichen Einwirkung können sehr gut beurteilt werden.

Kritische Momente

Beim Rückwärtsrichten muss sich das Pferd zunächst nach vorne in Bewegung setzen, um sich dann nach einem halben Schritt am Gebiss nach hinten abzustoßen. Dieser Moment, wenn die Vorwärtsbewegung vom Pferd beinahe übergangslos in eine Rückwärtsbewegung umgewandelt werden muss, ist einer der kompliziertesten Übergänge, die der Reitsport zu bieten hat. Entsprechend gründlich müssen die vorbereitenden Übungen ausgearbeitet sein, damit das Pferd auf zeichenartige Hilfen reagiert und Fehler in diesem hochsensiblen Augenblick gar nicht erst auftreten.

Erreichbarer Schwierigkeitsgrad

In Dressurprüfungen der Klasse L darf auch beim Rückwärtsrichten nur ein leichter Versammlungsgrad erwartet werden. In den schweren Dressurklassen hingegen wird eine entsprechend höhere Versammlung gefordert, die sich in vermehrter Aufrichtung und entsprechender Absenkung der Kruppe zeigt.

Eine deutlich verbesserte Durchlässigkeit, einhergehend mit höherer Spannkraft, lässt komplizierte Übergänge zwischen Vorwärts- und Rückwärtsbewegungen zu und findet in der erst ab Klasse S verlangten Schaukel ihren Höhepunkt.

Fehler und Korrekturen

Gerade das Rückwärtsrichten verführt den schlecht geschulten Reiter dazu, überwiegend mit den Händen zu arbeiten und sein Pferd rückwärts ziehen zu wollen. Die angebliche Notwendigkeit einer solchen Hilfengebung hält sich in schlecht informierten Kreisen ebenso störrisch wie die Legende vom Entlastungssitz mit vorgeneigtem Oberkörper, durch den der Reiter den Rücken des Pferdes entlasten müsse. Beides ist für viele der im Folgenden aufgezählten Fehler mitverantwortlich.

Seitliches Ausweichen

Beim Rückwärtsrichten soll sich das Pferd energisch vom Boden abdrücken, die Beine in gerader Linie zurückstellen und dabei auch in sich gerade bleiben. Weicht die Hinterhand seitlich aus, geht die gesamte Geraderichtung verloren.

Bei einem an der Bande aufgestellten Pferd hat der Reiter das Gefühl, als würde das Pferd mit dem inneren Hinterbein seitlich ausweichen und im Bogen zurücktreten – insbesondere auf der für viele Pferde schwierigeren rechten Hand.

In nur sehr seltenen Ausnahmen geschieht dies aber durch ein von Laien gerne vermutetes Seitwärtstreten des inneren Hinterbeins. In den allermeisten Fällen liegt die Ursache in einem Knick an der Halsbasis oder einem Bogen in der Wirbelsäule. Diese Verkrümmungen steuern über die Kruppe die an sich gerade zurückgestellten Hinterbeine und geben ihnen so die

Rückwärtsrichten

falsche Bewegungsrichtung in die Bahn hinein. Als bildlicher Vergleich mag eine Schubkarre dienen, deren fest montiertes Vorderrad von sich aus immer geradeaus laufen würde, wenn es über die Griffe nicht in eine andere Richtung gedreht würde.

Zu Korrektur ist zunächst die Grundaufstellung zu überprüfen und so lange zu korrigieren, bis das Pferd auf allen vier Beinen und in sich gerade gerichtet steht. Danach müssen sich beide Schenkel am Gurt genau gegenüber liegen und gleichmäßig einwirken, denn auch durch eine ungleiche Einwirkung wird der Rücken verbogen, der dann über die Kruppe die Hinterbeine zu falschen Bewegungen zwingt.

Die beiden Zügel, an denen sich das Pferd abstoßen soll, müssen gleich lang sein und gleich wirken, damit jeglicher Knick im Hals vermieden wird, der ebenfalls über Rücken und Kruppe die Hinterbeine steuert und aus der Richtung dreht. Der Reiter muss genau in der Mitte gleichmäßig belastend sitzen – ein schiefer Sitz beeinflusst die Bewegungsrichtung enorm.

Wenn das Pferd dann noch immer, vielleicht einer Gewohnheit folgend, nach innen drängt, wird der gleichseitige Schenkel verwahrend hinter den Gurt genommen und das Pferd zusammen mit dem gegenüberliegenden Schenkel und Zügel korrigiert. In hartnäckigen Fällen empfiehlt sich ein geringes Vorrichten der Schultern in das Bahninnere hinein, sodass dem Pferd im Moment des Antritts die Richtung zur Bande hin erleichtert wird. Korrekturen mit zurückgenommenem Schenkel empfehlen sich aber immer erst bei solchen Pferden, die auch dann in Bewegung bleiben, wenn ihnen der vortreibende Impuls des verwahrend zurückgenommenen Schenkels fehlt.

Die Hinterhand des Pferdes weicht seitlich aus, die Geraderichtung des Pferdes geht verloren.

Es gibt Härtefälle, in denen aus dem verwahrenden Schenkel ein seitwärts treibender Schenkel werden muss. Die Pferde werden dann auf dem Kreis einer Volte zurückgerichtet, deren Richtung durch den seitwärts treibenden Schenkel bestimmt wird.

Zurückeilen oder Zurückkriechen

Zurückeilende oder –kriechende Pferde bleiben meist in sich vollkommen gerade und haben eine andere Methode entwickelt, als sich durch Verwerfungen und Knicks im Körper gegen die Einwirkungen des Reiters zu wehren. Beiden Fehlern ist gemeinsam, dass sie eine falsche Bewegungsform aufweisen, die nur durch bessere, vortreibende Hilfen des Reiters korrigiert werden kann.

Das zurückeilende Pferd flüchtet in der Regel vor zu groben Handhilfen zwischen den Schenkeln des Reiters hindurch, ist damit hinter den treibenden Hilfen und kann zunächst nur durch energisch vortreibende Maßnahmen gebremst und zur Ruhe gebracht werden.

Um dem schmerzenden Gebiss etwas entgegenzusetzen, tauchen diese Pferde mit langem Hals nach unten ab, drücken gegen die Hand, um explosionsartig mit steifen Hinterbeinen und hoher Kruppe breitbeinig zu entkommen. Nur solche Reiter, die auch in diesem Moment noch unverrückbar sitzen und nicht nach vorne fallen, haben berechtigte Aussichten, den Fehler korrigieren zu können.

Weil sich die Vorderbeine ähnlich bewegen, schwankt der Rumpf von einer Diagonalen zu anderen, sodass sich der Reiter auf einem kippelnden Boot wähnt, das vorne unter ihm wegtauchen will. Durch die häufigen Kollisionen der gleichseitigen Vorder- und Hinterbeine sind Verletzungen im Bereich der hinteren Kronränder sowie abgetretene Vordereisen nicht auszuschließen. Nicht selten geht das Zurückeilen auch mit Zungenfehlern einher.

Bloßes Nachgeben allein hilft hier gar nicht – im Gegenteil: Um zu erreichen, dass diese Pferde schnell wieder eingerahmt sind und durch alle Hilfen in schöner Versammlung zurücktreten, müssen sie die Einwirkungen der Hand akzeptieren lernen und deshalb in Kontakt mit ihr bleiben. Dafür können nur energisch vortreibende Schenkel sorgen, die notfalls durch Sporen und Gerte nachdrücklich unterstützt werden müssen.

Es versteht sich von selbst, dass parallel dazu die Hände nur äußerst gefühlvoll und zurückhaltend einwirken dürfen. Beruhigende Gesten des Reiters müssen weit über das normale Maß hinausgehen, um das Nervenkostüm des Pferdes während dieser Korrekturen stabil zu halten.

Dem zurückkriechenden Pferd fehlt es ebenfalls an vortreibenden Impulsen, die seine unzureichende Beinarbeit positiv beeinflussen könnten. Oft werden diese Pferde von sich festziehenden Reitern geritten, zeigen keine Aufrichtung, stemmen sich gegen das Gebiss und weichen nur widerwillig der Gewalt. Im Extremfall ziehen sie beinahe jedes Bein einzeln in unregelmäßiger Fußfolge zurück und hinterlassen auf dem Boden deutlich sichtbare Schleifspuren.

Um die Rittigkeit steht es bei diesen Pferden vielfach ohnehin nicht zum Besten, und so hat es wenig Sinn, die Reiter mit Sporen oder Gerten zu bewaffnen. Besser ist es, zunächst einmal durch Übergänge aller Art dafür zu sorgen, dass Kaubewegung, Genickkontrolle und Durchlässigkeit deutlich verbessert werden,

Rückwärtsrichten

damit sich das zum Rückwärtsrichten vorgetriebene Pferd dann auch wirklich am Gebiss nach hinten abstößt.

Auch ein nicht zweckmäßig vortreibender Reiter kann ein Pferd dazu verleiten zurückzukriechen. In der Regel handelt es sich dabei um schwache Reiter oder

Das Zurückkriechen ist oft Folge einer zu starken Handeinwirkung bei gleichzeitig fehlenden vortreibenden Hilfen.

Kinder, denen man eingetrichtert hat, dass zum Rückwärtsrichten vorzutreiben sei, ohne deren Tun zu überwachen. Diese Reiter sitzen dann auf stocksteif stehenden Pferden und versuchen durch Ziehen am Zügel und unentwegtes Klopfen mit Schenkeln, Sporen und Gerte, ihrem Tier eine Regung zu entlocken. Folgt dann endlich der heiß ersehnte Tritt zurück, fühlen sich die Reiter und zum Teil auch ihre Ausbilder bestätigt und klopfen noch mehr. Das verängstigte Pferd traut sich nach einer Weile nicht mehr in die Richtung, aus der die schmerzhafte Einwirkung kommt, bleibt stehen oder schiebt sich und das Gebiss einfach nach vorn.

Die Korrektur ist simpel. Auch hier müssen Übergänge in Verbindung mit dem Übertreten oder Schenkelweichen bewirken, dass die Reiterschenkel künftig vom Pferd besser wahrgenommen werden. Erst dann sollte das Rückwärtsrichten weiter verfolgt werden, bevor sich weitere Widersetzlichkeiten einschleichen.

Fehlerhafte Fußfolge

Beim Rückwärtsrichten sollen die diagonalen Beinpaare in zwei Takten gleichmäßig arbeiten. Dies entspricht auch der natürlichen Bewegungsveranlagung, die ein Pferd ohne reiterliche Einwirkung zeigt.

Abgesehen von einer zum Beispiel durch eine Erkrankung des Nervensystems hervorgerufenen Ataxie können jedoch vor allem Schmerzen und Verspannungen im Bewegungsapparat zu erheblichen Einschränkungen der Beweglichkeit führen. Diese sind bei genauerer Betrachtung zwar oft auch in anderen Lektionen erkennbar, zeigen sich aber insbesondere bei so belastenden Lektionen wie dem Rückwärtsrichten, wenn das Pferd hoch versammelt und in sich zusammengeschoben ist und die Hinterbeine vermehrt Last aufnehmen müssen.

Betroffene Pferde, die durchaus ansonsten sehr gut geritten sein können, treten in allen denkbaren Fußfolgen zurück und wechseln diese häufig auch noch innerhalb der Lektion. Am häufigsten ist das passartige Zurücktreten zu beobachten: So sehr diese Pferde auch mitarbeiten, wirkt das Rückwärtsrichten bei ihnen immer abgehackt, wackelig und gleicht eher einem Zurücktasten.

Die Erfahrung zeigt, dass zur Korrektur nur sehr viel Geduld weiterhelfen wird, weil diese Bewegungsform mehr auf große Unsicherheiten des Pferdes als auf Widersetzlichkeiten schließen lässt. Sind Aufrichtung, Kaubewegung und Genickkontrolle nicht zu beanstanden und verfügt das Pferd über die nötige Durchlässigkeit, wird das Problem in den meisten Fällen im Laufe der Zeit von selbst verschwinden – vor allem dann, wenn es dem Reiter durch gut abgestimmte Hilfenkombinationen gelingt, das Pferd zügiger zurücktreten zu lassen. In ganz hartnäckigen Fällen kann es sinnvoll sein, das gerade gehaltene Pferd beim Rückwärtsrichten geringfügig übertreten zu lassen.

Verweigern oder Steigen

Es gibt Pferde, die gänzlich die Mitarbeit verweigern, wenn sie vom Reiter zum Rückwärtsrichten aufgefordert werden, und sogar gefährliche Widersetzlichkeiten wie das Steigen entwickeln.

Rückwärtsrichten

Meist sind diese Pferde in der Vergangenheit oft traktiert worden, und nach langen leidvollen Erfahrungen haben sie gelernt, innerlich vollkommen abzuschalten. In den letzten Jahren tauchen immer mehr vermeintliche Grand Prix-Ausbilder auf, die meinen, jedes Pferd ungeachtet seines Ausbildungsstandes zum Piaffieren bringen zu müssen. Wegen fehlender fachlicher Eignung können sie ihr Vorhaben nur mit Gewalt durchsetzen. Sie produzieren schweißnasse Pferde, die eingedenk langer Peitschen und grober Zügelfäuste in ihrer Not ängstlich auf der Stelle trampeln, bis sie nach langem Martyrium die Arbeit ganz einstellen und sich zu wehren beginnen.

In ihrer Anfangsphase ähnelt die Piaffe dem Rückwärtsrichten sehr, und da die betroffenen Pferde eine Aversion gegen Hilfen entwickelt haben, die Bewegungen aus dem Halten fordern, werden sie auch auf die Impulse zum Rückwärtsrichten nicht reagieren. In einem tranceähnlichen Zustand halten sie einiges an Schmerz aus, bis ein gezielter Gertenschlag, Sporenstich oder Zügelanzug sie schlagartig weckt und gefährlich explodieren lässt. Manche Pferde gehen durch, in Verbindung mit dem Rückwärtsrichten neigt die Mehrzahl von ihnen zum Steigen.

Die Korrektur setzt bei einem konsequenten Verzicht auf Gewalteinwirkung und dem vorübergehenden Ausklammern des Rückwärtsrichtens aus der täglichen Arbeit an. Es kann viel Zeit in Anspruch nehmen, durch gute und folgerichtige Arbeit das Vertrauen des Pferdes zurück zu gewinnen. Lohnenswert ist dieser Versuch aber in jedem Fall, da in dieser Weise vorgeschädigte Pferde auch bei anderen Lektionen Mitarbeit und Ausdruck vermissen lassen. Mit zunehmendem Vertrauen kann auch das Rückwärtsrichten wieder gefahrlos abgefordert werden. Die meisten dieser Pferde waren ehemals gute Mitarbeiter, die einfach schamlos überfordert wurden.

Bemerkungen

Landläufig gilt das Rückwärtsrichten von mehr als sechs Tritten aus unerfindlichen Gründen als unreiterlich. Worauf diese Meinung gründet, weiß eigentlich niemand. Sicher ist es richtig, dass die korrekte und sparsame Anwendung des Rückwärtsrichtens – wie auch aller anderen Lektionen – wohl eher zum Erfolg führen wird als eine ständige Überforderung. Dies schließt jedoch nicht aus, dass ein Pferd zu Korrekturzwecken auch einmal über eine höhere Trittzahl zurückgerichtet werden kann als auf Turnieren verlangt.

Gerade bei gut ausgebildeten Pferden ist das Absenken der muskulösen Kruppe besonders ausgeprägt. Dies kann dazu führen, dass das Pferd auf die Schweifhaare tritt und sich diese ausreißt. Sie brauchen jahrelang, um in voller Länge nachzuwachsen. Deshalb ist es sinnvoll, den Schweif entsprechend zu kürzen.

9. Einfacher Galoppwechsel

Beim korrekten einfachen Galoppwechsel geht das gut aufgerichtete Pferd vor dem vorgesehenen Wechselpunkt vom Galopp unmittelbar und geschmeidig in einen reinen, gelassenen Schritt über und springt nach diesem Punkt und einer Schrittphase von drei bis fünf Tritten unverzüglich im anderen Galopp an. Der vorgesehene Wechselpunkt liegt also in der Mitte der Schrittlage.

Der einfache Galoppwechsel verlangt von Reiter und Pferd etwas kompliziertere Übergänge, die eine gute Vorbereitung erfordern, und lehrt die weitergehende Wirkungsweise von zügig aufeinander folgenden Zügel- und Schenkelhilfen. Ein wesentliches Element der Lektion ist ihre punktgenaue Ausführung – die dazu notwendige Hilfengebung verbessert quasi zwangsläufig Gehorsam und Geschicklichkeit des Pferdes sowie das Reaktionsvermögen des Reiters. Darüber hinaus wird die Durchlässigkeit des Pferdes für die Galopphilfen gefestigt, seine Versammlungsbereitschaft gefördert und sein Gleichgewicht trainiert. Bei richtiger Ausführung stärkt der einfache Galoppwechsel die Tragkraft der Hinterhand sowie insgesamt Bauch-, Rücken- und Oberhalsmuskulatur.

Nach der Schrittphase springt das Pferd, gut umgestellt und gebogen, unverzüglich im neuen Handgalopp an. Das innere Hinterbein greift dabei weit unter den Schwerpunkt des Pferdes.

Der einfache Wechsel kann in Verbindung mit handwechselnden Linien als Überleitung vom Handgalopp zum Handgalopp oder vom Außengalopp zum Außengalopp geritten werden. Aufgrund der schnellen Abfolge der Lektionsteile sollte jedoch trotz des Handwechsels auf den Seitenwechsel der Gerte verzichtet werden.

Abgesehen von den vier Ecken kann der einfache Galoppwechsel grundsätzlich an jeder Stelle der Bahn verlangt werden. Meist aber wird er dort eingebaut, wo beim Leichttraben ein Fußwechsel vorgenommen würde. Nach langen Galoppreprisen – zum Beispiel im Gelände, auf Jagden oder im Parcours – dient er der Schonung junger Pferde, die noch keinen fliegenden Wechsel beherrschen. Als zum Übergang dienende Gangart kann anstelle des Schrittes dann auch der Trab gewählt werden.

Voraussetzungen

Reiterliche Voraussetzungen

Theoretische Grundlagen
- Der Reiter hat sich gedanklich mit der Übung vertraut gemacht und kann sich den Ablauf des einfachen Wechsels vorstellen.
- Die Anwendung und Funktion halber Paraden ist dem Reiter verständlich.

Sitz
- Der gerade Oberkörper ruht gleichmäßig zu je einem Drittel auf den beiden Gesäßknochen und dem Spalt. Bauch- und Rückenmuskulatur sowie die Schultern weisen die nötige Stabilität auf, um im Verlaufe der halben Paraden zum Schritt notfalls auch einem größeren Widerstand entgegensitzen zu können.

Voraussetzungen des Pferdes

Physiologische Grundlagen
- Das Pferd verfügt über einen an der Basis stabilen Hals, der bei mäßiger Aufrichtung ein leichtes Umstellen zulässt.
- Die Hinterhand ist so gut bemuskelt, dass die Entwicklung des Galopps aus dem schwunglosen Schritt heraus möglich ist.

Rittigkeit
- Das Pferd reagiert einigermaßen gefestigt auf richtig gerittene halbe Paraden und Galopphilfen.
- Auch bei häufigeren Abfolgen von Übergängen bleibt das Pferd gelassen und arbeitet willig mit.

Durchführung

Vorbereitende Übungen

Vereinfacht beschrieben besteht der einfache Wechsel aus drei Elementen: dem Durchparieren, Umstellen und Angaloppieren. Entsprechend sind auch die vorbereitenden Übungen auszuwählen: Grundsätzlich sind alle Arten von Übergängen dazu geeignet, das Pferd für die neue Lektion zu schulen und seinen Willen zur Mitarbeit zu festigen – ganz besonders eignen sich natürlich Übergänge, die mit den verlangten Gangarten zu tun haben. Entscheidend ist in jedem Fall, dass passartige Schrittphasen und sonstige Drängeleien vermieden werden.

Zur Erleichterung des Umstellens eignen sich all die Lektionen, die in irgendeiner Form mit Stellung und Biegung zu tun haben: Schenkelweichen, Schlangenlinien, Übertreten, Schultervor und anderes mehr. Der fortgeschrittene Reiter wird zusätzlich das Reiten in Stellung, Schulterherein oder Travers nutzen.

Vorbereitung der Lektion

Das galoppierende Pferd wird auf den letzten Metern vor Erreichen des vorgesehenen Wechselpunktes durch halbe Paraden aufmerksam gemacht und zum Abkauen gebracht, um Maul und Genick frei von Spannungen zu halten. Geht dem Wechsel eine Wendung, zum Beispiel eine Schlangenlinie, voraus, darf sich diese nicht bis in den einfachen Wechsel hineinziehen, damit keine Gleichgewichtprobleme und damit verbundene Schwankungen auftreten. Bei gelungener Vorbereitung erhöhen sich Konzentration und Durchlässigkeit des Pferdes, und der Reiter kann vor den eigentlichen halben Paraden zum einfachen Galoppwechsel noch einmal nachgeben.

Hilfengebung

Das galoppierende, lateral in sich leicht abgestellte, gestellte und gebogene Pferd wird mit geeigneten halben Paraden am äußeren Zügel aus dem Galopp in den Schritt durchpariert. Dies geschieht jedoch nicht abrupt, sondern ist eine Folge kontinuierlich verkürzter Galoppsprünge, bis diese fließend in den Schritt übergehen. Die halben Paraden werden ständig darauf abgestimmt und notfalls energisch wiederholt. Spannungen im Maul wegen fehlender Kaubewegung müssen unbedingt unterbleiben.

Während der Schrittphase von drei bis fünf ruhigen Schritten – entsprechend einer Pferdelänge – wird das Pferd durch ein Nachgeben am bisherigen inneren und Annehmen des bisherigen äußeren Zügels so umgestellt, dass der Reiter Augenbogen und Nüsternrand schimmern sieht. Der Mähnenkamm fällt von der einen Seite auf die andere. Gleichzeitig sitzt der Reiter um, verlegt sein Gewicht also auf die neue innere Seite und verhindert mit dem neuen äußeren, verwahrend hinter dem Gurt liegenden Schenkel, dass sein Pferd beim Umstellen mit der Hinterhand seitlich ausfallen kann.

Sobald das Pferd am neuen inneren Zügel abgekaut und nachgegeben hat und die innere Schulter beim Vorspringen nicht behindert wird, gibt der Reiter eine dem jeweiligen Pferd so angepasste Hilfe, dass es sofort und energisch im neuen Galopp anspringt.

Abschluss der Lektion

Nachdem das Pferd wieder angaloppiert ist, wird der Galopp so geregelt, dass er die folgenden Lektionen wie zum Beispiel Zirkel, Volte oder Schlangenlinie zulässt. Der Reiter kann sich nun wieder verstärkt um die Kontrolle der zu reitenden Linie kümmern, die er während der ganzen Lektion nicht aus den Augen gelassen hat.

Bewertung

Der einfache Wechsel gibt dem Beobachter Auskunft darüber, wie weit die Feinabstimmung zwischen Pferd und Reiter entwickelt ist. Außerdem ist erkennbar, ob der Reiter in der Lage ist, halbe Paraden schnell durchzusetzen, Spannungen zu vermeiden und das Pferd in sich gerade zu halten, damit es zum Angaloppieren deutlich unterspringt. Schließlich kann der Betrachter beurteilen, ob das Augenmaß des Reiters so weit geschult ist, dass er die Lektion passend an vorgeschriebener Stelle platzieren kann.

Kritische Momente

In allen drei wesentlichen Abschnitten des einfachen Wechsels können bei mangelnder Rittigkeit Schwierigkeiten auftreten. Die Erfahrung zeigt jedoch, dass bei richtiger Ausbildung des Pferdes der einfache Wechsel insgesamt immer dann problemlos gelingt, wenn die erste Phase, also der Übergang vom Galopp zum Schritt, geglückt ist. Von ganz besonderer Bedeutung ist daher die Rittigkeit, mit der das Pferd an den ersten Übergang herangebracht wird. Es ist umso leichter, den richtigen Punkt zu treffen, je mehr sich der Galopp verkürzen lässt. Daher ist es wichtig, vor allem Übergänge innerhalb einer Gangart, zum Beispiel vom Mittelgalopp zum versammelten Galopp und umgekehrt, ausreichend zu üben.

Erreichbarer Schwierigkeitsgrad

Gut gerittene einfache Galoppwechsel führen nicht immer zu den fliegenden Galoppwechseln, weil sie sich von diesen mechanisch doch sehr unterscheiden. Sie können aber wenigstens einen wichtigen Grundstein legen, indem sie dafür sorgen, dass das Pferd auf deutlich feinere Galopphilfen sowohl im Außen- als auch im Handgalopp angaloppiert und dabei besser im Gleichgewicht bleibt.

Fehler und Korrekturen

Wie bei allen anderen Übungen und Lektionen entstehen auch bei dieser Lektion durch eine falsche, ungeschickte oder grobe Hilfengebung die häufigsten Fehler.

Unsaubere Übergänge

Unsaubere Übergänge führen nicht direkt und fließend von der einen in die andere Gangart – hier vom Galopp in den Schritt und andersherum –, sondern verschwimmen durch unerwünschte Trabtritte, die meistens auf Spannungen im Pferd oder auf eine ungeschickte Einwirkung des Reiters hindeuten. Trabtritte innerhalb des einfachen Wechsels verhindern nicht nur eine punktgenaue Platzierung der Lektion, indem sie sie in die Länge ziehen, sondern haben beim Turnierstart auch erhebliche Abzüge in der Wertnote zur Folge.

Die Trabtritte können vor und nach der Schrittphase vorkommen. Ein Auslaufen beim Übergang vom Galopp zum Schritt ist ein Indiz für eine schlechte Vorbereitung und deutet darauf hin, dass die Paraden nicht durchgekommen oder nicht richtig geritten wurden, was durch Übergänge aller Art verbessert werden kann. Trabt das Pferd aus dem Schritt heraus an anstatt direkt anzugaloppieren, wurden die Galopphilfen schlecht gegeben oder das Pferd ist insgesamt noch nicht in der Lage, aus dem Schritt heraus anzugaloppieren. Dieser Teil der Lektion muss dann zunächst ohne den zeitlichen Druck, den der Ablauf des einfachen Galoppwechsels mit sich bringt, geübt werden, zum Beispiel aus dem gründlich vorbereitenden Übertreten an der offenen Seite des Zirkels heraus.

Ausfallen

Von Ausfallen spricht man, wenn das Pferd den Wechselpunkt nicht im Galopp erreicht, sondern vorher in den Trab oder Schritt fällt. Dieser sehr häufig zu beobachtende Fehler entsteht, wenn ein Reiter sein Pferd nicht geschlossen an den Wechselpunkt heranreiten konnte.

Die betroffenen Pferde sind im Galopp oft ungestüm und fallen auseinander, fehlende Maultätigkeit und Genickkontrolle sowie ein unangenehmes Abstützen auf dem Zügel lassen ein pünktliches Durchparieren illusorisch erscheinen. Gerade aber dann sind der einfache Wechsel und ähnliche Übungen gefordert: Werden sie oft und schnell hintereinander geritten, gewöhnt sich das Pferd das Davonstürmen in relativ kurzer Zeit ab. Durch die Vielzahl der halben Paraden werden Kaubewegung und Genickkontrolle verbessert und ein großer Teil der begleitenden Fehler kann dann gar nicht mehr auftreten. Bevor ein Pferd allzu sehr zulegen kann, bremst der nächste Übergang es schon wieder aus. Nach und nach wird es dann lernen, sich mehr zu tragen, und je mehr sich die dafür nötige Muskulatur der Hinterhand ausbildet, desto leichter wird dies dem Pferd fallen.

Schrittfehler

Der Schlüssel zum flüssig gerittenen einfachen Galoppwechsel ist der klare Schritt, der über eine Pferdelänge hinweg gezeigt werden muss. Leider sieht man jedoch anstelle eines klaren Viertaktes allzu häufig gebundene, passartige Bewegungen, die mehr an ein Zackeln als an ein Schreiten erinnern. Die Ursache ist wiederum in den meisten Fällen in einer mangelnden Losgelassenheit und Durchlässigkeit des Pferdes sowie in unnachgiebigen Zügelfäusten ungeübter Reiter zu suchen. Zur Korrektur ist das Verkürzen und Schließen der Galoppsprünge zu üben, die kurz vor dem Wechsel annähernd Schrittgeschwindigkeit erreicht haben müssen, damit der Übergang zum Schritt künftig mit nachgebender Hand geritten werden kann. Daneben ist das Reiten von verschiedensten Übergängen und die Sicherung des natürlichen Schrittes durch Schrittpausen am langen Zügel der einzige erfolgversprechende Weg.

Einfacher Galoppwechsel

Auseinander gefallene, auf der Vorhand galoppierende Pferde machen ein geschlossenes Heranreiten an den Wechselpunkt und einen gelungenen Übergang zum Schritt unmöglich.

Falsches Angaloppieren

Nur selten ist es auf einen Irrtum eines jungen Pferdes, auf kleinere Gleichgewichtstörungen und Unaufmerksamkeiten zurückzuführen, wenn ein Pferd nach dem gelungenen Übergang zum Schritt falsch neu angaloppiert. Verantwortlich sind meist die bereits beschriebenen Fehler, die zu Spannungen führen, ein lockeres Umstellen verhindern und somit ein falsches Angaloppieren geradezu provozieren.

In den Aufbau- und Übungsphasen sollten zur Korrektur nicht nur lebhaft Übergänge geritten werden, sondern es ist dann auch darauf zu achten, dass die neue Galopphilfe erst dann erfolgt, nachdem sich das spannungsfrei schreitende Pferd ohne größere Mühe umstellen ließ, sodass auch die neue innere Schulter leicht vorgerichtet werden konnte. Dies kann unter Umständen etwas Zeit in Anspruch nehmen – doch genau diese Zeit benötigt das Pferd, um zukünftig gelassener in dieser Lektion mitarbeiten zu können.

Schiefes Angaloppieren

Beim Angaloppieren soll das Pferd mit dem jeweiligen Hinterbein gerade unter seinen Schwerpunkt springen. Oft verhindern Spannungen, die sich während des Übergangs vom Galopp in den Schritt nicht beseitigen ließen und auch in der Schrittphase bestehen blieben, dass der Reiter im Moment des Angaloppierens am inneren Zügel nachgeben kann und damit für das gleichseitige Hinterbein genügend Platz schafft. Dem Pferd fehlt nun der Raum zum Unterspringen, und es setzt das Hinterbein, wenn es denn überhaupt angaloppiert, neben dem Rumpf auf. Das Angaloppieren und der anschließende Galopp werden schief, bei Turniervorstellungen sind erhebliche Abzüge die Folge.

Im Training ist es hilfreich, immer wieder korrekte Übergänge ohne den Zeitdruck des einfachen Galoppwechsels zu reiten. Der Galopp zu Beginn der Lektion muss so verkürzt werden, dass das Pferd bei richtig gerittenen halben Paraden geradezu automatisch in den Schritt übergeht. Weitere Paraden müssen den Schritt dann so lange regeln, bis das Pferd gelassen schreitet, der Reiter nachgeben und entschlossen nach vorne angaloppieren kann.

Bemerkungen

Der einfache Galoppwechsel als Lektion beim Abteilungsreiten bleibt aller Erfahrung nach grundsätzlich nur sehr gut ausgebildeten, erfahrenen Reitergruppen vorbehalten. Keiner der Reiter darf sich für den Wechsel zu viel Zeit nehmen, da alle folgenden Reiter sofort durch ihn ausgebremst würden. Mindestens zwei Pferdelängen Abstand sind deshalb vorher anzuordnen. Misslingt ein Wechsel und springt ein Pferd zum Beispiel falsch an, kann der Reiter zunächst dicht auf den Vordermann aufreiten und den dann erlangten Abstand von vier Pferdelängen zu seinem Hintermann nutzen, um den Wechsel zu korrigieren, ohne dass die Abteilung ins Stocken gerät.

Einfacher Galoppwechsel

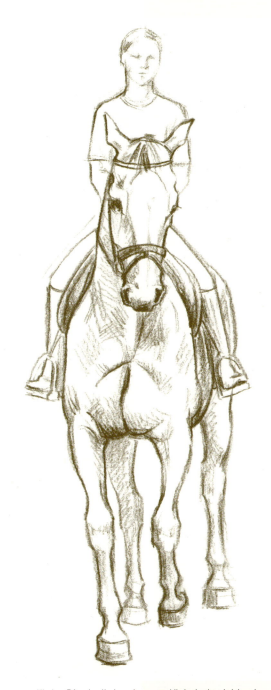

Beim schiefen Angaloppieren greift das Pferd mit dem inneren Hinterbein nicht unter seinen Schwerpunkt, sondern setzt es seitlich neben dem Rumpf auf.

10. Außengalopp

Der Außengalopp ist richtig ausgeführt, wenn das Pferd im klaren Dreitakt des Galopps, in sich gerade und aufgerichtet, zur Bande hin gestellt und gebogen mit seiner Vor- und Hinterhand auf einer Hufschlagslinie gesetzt galoppiert.

Der Außengalopp führt das Pferd einer überwiegend diagonalen, versammelnd wirkenden Hilfengebung zu und sichert die konstante Anlehnung an den äußeren Zügel.
Die Übung wirkt stark gerade richtend und fördert bei richtiger Ausführung Geschicklichkeit, Balance und Versammlung. Insbesondere der Rechtsgalopp, bei dem vor allem im Mittelgalopp die Pferde gerne schief werden, kann im Außengalopp hervorragend korrigiert werden: Im Handgalopp hat es das Pferd leicht, mit der Hinterhand in die Bahn hineinzudrängen und in sich schief zu werden. Beim Außengalopp dagegen wird der seitliche Spielraum der Hinterbeine durch die Bande erheblich begrenzt.

Der Galopp ist die einzige Gangart, in der das Pferd über zwei Bewegungsmöglichkeiten verfügt – vom Kreuzgalopp einmal abgesehen. Durch die Wahl zwischen Links- und Rechtsgalopp kann sich das Pferd trotz der in dieser Gangart möglichen Geschwindig-

Das gut aufgerichtete und in sich gerade Pferd springt auch im Außengalopp mit dem inneren Hinterbein unter seinen Schwerpunkt. Der äußere Zügel verhindert ein Ausfallen über die Schulter.

keiten und Fliehkräfte auch in engen Wendungen optimal am Boden abstützen und aus ihnen heraus beschleunigen. Der Außengalopp kommt daher in der Natur nur selten vor und ist auch an der Longe kaum vorzubereiten. Damit er unter dem Reiter beherrscht wird, bedarf es einer besonderen Übung und Aufmerksamkeit.

Obwohl der Galopp erst in Ecken und auf Zirkellinien zu einem wirklichen Hand- oder Außengalopp wird, ist er auch auf geraden Linien als solcher zu bezeichnen. Der fortgeschrittene Reiter weiß, dass die Bezeichnungen innen und außen immer von der Stellung und Biegung des Pferdes abhängen. So bleibt zum Beispiel der linke vortreibende Schenkel im Linksgalopp immer der innere, auch wenn die linke Seite des Pferdes nach außen zur Bande hin zeigt, das Pferd also auf der rechten Hand im Außengalopp geht.

Voraussetzungen

Reiterliche Voraussetzungen

Theoretische Grundlagen
- Der Reiter hat sich den Bewegungsablauf und die zweckmäßige Einwirkung in der Gangart Galopp bewusst gemacht und versteht die Notwendigkeit eines an der Basis festgestellten Halses.

Sitz
- Der aufrecht auf den beiden Gesäßknochen und dem Spalt sitzende, nach innen belastende Reiter hat mit der Galoppbewegung an sich keinerlei Probleme mehr und ist in der Lage, seinen unabhängigen Sitz den speziellen Anforderungen der Übung anzupassen. Insbesondere kommt es darauf an, dass er sich mit Schulter, Gewicht und Schenkellage auf den Außengalopp einstellen kann.

Voraussetzungen des Pferdes

Physiologische Grundlagen
- Der Hals ist an der Basis festgestellt und je nach Ausbildungsstand gut bis sehr gut aufgerichtet. Er ermöglicht es dem Pferd, zumindest gut geschlossen zu galoppieren, dabei tadellos in sich gerade und völlig losgelassen zu bleiben und sich selbst zu tragen.

Rittigkeit
- Das Pferd kann auf feine Galopphilfen richtig anspringen und ist im Links- und im Rechtsgalopp gleichmäßig durchgebildet.
- Die häufig und korrekt gerittenen einfachen Wechsel über den Schritt haben Durchlässigkeit und Gleichgewicht des Pferdes genügend stabilisiert.

Durchführung

Vorbereitende Übungen

Unabdingbare Voraussetzung für den Außengalopp ist, dass der Reiter beliebig wählen kann, ob er links oder rechts angaloppieren möchte. Hilfreich für die nötige Routine und Versammlungsbereitschaft ist es, das Angaloppieren aus dem Schritt, dem Halten oder dem Rückwärtsrichten zu üben.

Die nötige Stabilität an der Halsbasis, die ein Vorrichten der Schulter ermöglicht, wird durch häufiges Reiten im Schultervor oder Schulterherein erreicht. Um die Geschicklichkeit und das Vertrauen in die Lektion zu fördern, eignet sich für erste vorsichtige Versuche die einfache Schlangenlinie, während später Schlangenlinien durch die Bahn mit bis zu sechs Bögen geritten werden können.

Vorbereitung der Lektion

Der Außengalopp wird anfänglich aus dem Schritt oder durch einfache Galoppwechsel an den langen Seiten in nur kurzen Reprisen, später über handwechselnde Linien ohne Galoppwechsel unter Einbeziehung der Ecken entwickelt.

Die Hilfen zum Außengalopp entsprechen denen zum Handgalopp. Das Pferd wird durch das Vorrichten der Schulter zur Bande hin gestellt und gebogen und mit halben Paraden aufmerksam gemacht sowie noch einmal gründlich zum Abkauen gebracht. Aufrichtung und Selbsthaltung werden so verbessert, dass alle Spannungen in Genick, Hals und Rücken beseitigt sind. Der äußere Schenkel wird eine Handbreit zurückgelegt, um ein Ausweichen der Hinterhand im Moment des Angaloppierens zu verhindern.

Hilfengebung

Mit dem in vortreibender Position am Gurt liegenden inneren Schenkel treibt der Reiter das innere Hinterbein nach vorne. Der innere Zügel gibt nach und ermöglicht diesem Hinterbein ein ungestörtes Unterspringen. In dem Moment, wo das angesprochene Hinterbein vorgezogen wird und unter den Schwerpunkt springt, beginnt der Galopp.

Abschluss der Lektion

Bei lockerem, unabhängigem Sitz verteilt sich das Gewicht von Reiter und Pferd automatisch auf die innere Seite, weil sich das Pferd mit zunehmender Hankenbeugung in der inneren Hüfte absenkt und dies über die Wirbelsäule und den Sattel an den Reiter weitergibt. Um Fehler zu vermeiden und die Vorteile des Außengalopps nutzen zu können, wird der Reiter auch nach dem Angaloppieren bemüht sein, das Pferd in sich gerade zu halten. Dazu wendet er sich aus der Hüfte heraus zur Bande hin und nimmt die Vorhand über seine gut getragenen Unterarme mit. Insbesondere dem äußeren, die Stellung begrenzenden Zügel kommt die sehr wichtige Aufgabe zu, das Pferd im Hals festzustellen und dadurch für die nötige Stabilität der äußeren Schulter zu sorgen, die nicht in das Bahninnere ausweichen darf. Je dichter der äußere, verwahrende Schenkel am Gurt liegt, desto mehr kann er den äußeren Zügel unterstützen.

Bewertung

Die Qualität des Außengalopps zeigt an, inwieweit sich Reiter und Pferd im Gleichgewicht befinden. Außerdem kann gerade in dieser Lektion die Versammlungsfähigkeit und -bereitschaft eines Pferdes sehr gut beurteilt werden.

Kritische Momente

Schwierigkeiten treten bei guter Rittigkeit und ausreichender Übung eigentlich nur dann auf, wenn nach unproblematischen geraden Linien plötzlich sehr enge Wendungen folgen – Schlangenlinien durch die Bahn zum Beispiel oder tief ausgerittene Ecken. Diese Wendungen verlangen den Pferden nicht nur ein hohes Maß an Geschicklichkeit und Arbeitsbereitschaft ab, sondern setzen auch voraus, dass der natürliche Impuls zum fliegenden Galoppwechsel unterdrückt wird.

Erreichbarer Schwierigkeitsgrad

Der Außengalopp ist eine völlig eigenständige Lektion, in deren Trainingsverlauf es daher vor allem um eine weiter zu verbessernde Ausführung geht. Die Förderung von Versammlungsbereitschaft und Geschicklichkeit bereiten das Pferd auf die fliegenden Galoppwechsel vor.

Fehler und Korrekturen

Umspringen

Ein Pferd, das sich im Außengalopp nicht wohl fühlt, wird seiner natürlichen Veranlagung folgen und in den Handgalopp zurückwechseln. Dies kann über einen durch- oder nachgesprungenen fliegenden Galoppwechsel genauso geschehen wie über eine kurze Trabphase. Geschickte Pferde, die nicht sofort korrigiert werden, lernen dann sehr schnell, sich der anstrengenden Arbeit im Außengalopp immer zu entziehen. Eine Bestrafung ist unangebracht; es reicht völlig aus, unmittelbar auf den unerwünschten Wechsel energisch durchzuparieren und aus dem Schritt heraus erneut den Außengalopp zu verlangen.

Oft werden Pferde im Außengalopp müde geritten oder in zu hohem Tempo und ohne genügende Vorbereitung zu tief in enge Wendungen gezwungen, sodass sie zum Umspringen geradezu animiert werden. Diese Pferde sind mit der Aufgabenstellung überfordert. Dann ist es angebracht, zunächst durch geeignete Übungen im Handgalopp einen höheren Versammlungsgrad zu erreichen, damit das Pferd lernt, auf kleinerem Raum zu arbeiten. Danach wird es sich Ecken und andere gebogene Linien besser

Bei mangelhafter Versammlung verlieren die Pferde im Außengalopp schnell das Gleichgewicht und neigen so zum Umspringen.

einteilen können und zum Außengalopp mehr Vertrauen fassen, bevor das Umspringen zur Gewohnheit geworden ist.

Förderlich für die Versammlungsbereitschaft sind insbesondere Übungen wie der einfache Galoppwechsel, das Galoppieren im Schulterherein sowie

Außengalopp

Zirkel verkleinern und vergrößern. Die dadurch gewonnene Sicherheit lässt auch schwierige Pferde besser mitarbeiten und den für den Außengalopp nötigen Durchhaltewillen entwickeln, anstatt sich den Hilfen zu entziehen.

Ausfallen über die äußere Schulter

Wenn ein Pferd über die äußere Schulter ausfällt, ist immer ein ungenügend stabilisierender äußerer Zügel mitverantwortlich – oft zusammen mit einem

Das Ausfallen über die Schulter ist oft die Folge eines zu stark wirkenden inneren Zügels. Der äußere Zügel kann seine begrenzende Funktion nicht mehr erfüllen, die Geraderichtung des Pferdes geht verloren.

permanent ziehenden inneren Zügel. Vielfach kommt auch der äußere Schenkel nicht richtig durch oder ist einfach zu weit zurückgelegt.

Viele unerfahrene Reiter versuchen, durch Ziehen am inneren Zügel ihr Pferd im Außengalopp an der Bande zu halten. Dadurch wird der völlig überstellte Pferdehals wackelig und ein Ausfallen über die äußere Schulter in das Bahninnere hinein geradezu gefördert. Außerdem gerät der Pferdekopf in gefährliche Nähe zur Bande. Das Pferd wird deshalb vor den Ecken lieber etwas frühzeitiger abwenden, was den Reiter wiederum dazu veranlasst, noch mehr am inneren Zügel zu ziehen.

Bevor sich der Fehler durch ständige Wiederholungen einschleift, muss er mit geeigneten Maßnahmen frühzeitig korrigiert werden. Ist der Außengalopp selbst gesichert, sollte er vermehrt auf dem Zirkel verlangt werden. Der Reiter hat auf dieser Linie die Möglichkeit, mit Hilfe der äußeren Zügel- und Schenkelhilfen die Vorhand so oft wie nötig nach außen zu weisen. Unter Umständen muss der Pferdehals mit dem äußeren Zügel in das Zirkelinnere hineingestellt werden, bis es gelingt, die äußere Schulter zu beherrschen. Nach erfolgreicher Korrektur hat der Reiter das Gefühl, den Zirkel beliebig vergrößern zu können, und kann diese Hilfengebung dann auch in den Bereich der Ecken übertragen.

Arbeitsverweigerung

Wenn Pferde den Außengalopp verweigern, haben sie meist schlechte Erfahrungen mit dieser Lektion machen müssen. Dazu gehört eine grobe Hilfengebung ebenso wie das ständige Abfordern des fliegenden Galoppwechsels aus dem Außengalopp bei einem Pferd, dem der fliegende Wechsel Probleme bereitet.

Abhilfe kann hier nur geschaffen werden, wenn der Außengalopp über eine längere Zeit hinweg geritten wird, ohne fliegende Wechsel einzubauen. Das Pferd muss lernen, dass der Außengalopp nicht immer etwas mit fliegenden Wechseln zu tun hat. Am leichtesten gelingt dies, indem vom Handgalopp aus durch handwechselnde Linien unauffällig in den Außengalopp übergeleitet wird, der dann auch nur sehr kurz beibehalten werden darf. Bei entsprechendem Lob wird das Pferd in kurzer Zeit einen Großteil seines Misstrauens zugunsten einer besseren Mitarbeit abgelegt haben.

Bemerkungen

Der Außengalopp, der dem Pferd eine Menge Arbeit abverlangt, dürfte in der Hand routinierter Reiter eines der besten Mittel sein, um Unzulänglichkeiten im Galopp abzustellen. Pferde, die bis dahin immer einmal wieder unzuverlässig untergesprungen sind, werden bei richtiger Ausführung des Außengalopps auch ohne großes Zutun des Reiters durch die Bande daran gehindert, mit dem inneren Hinterbein auszufallen. Das Pferd hat also nur zwei Möglichkeiten: Entweder verbessert es seinen Durchsprung im Galopp oder es weicht bei Überlastung in andere Fehler aus. Entsprechend sparsam sollte der Außengalopp in das Training eingebaut werden.

Literatur

Aufgabenheft Reiten
Warendorf: FNverlag 1999

Richtlinien für Reiten und Fahren
Band 2: Ausbildung für Fortgeschrittene,
12. Auflage, Warendorf: FNverlag 1997

Udo Bürger, Otto Zietzschmann
Der Reiter formt das Pferd
Warendorf: FNverlag, 1987

Michael Kunz
Dressurlektionen von M bis Grand Prix
Brunsbek: Cadmos, 2006

Egon von Neindorff
Die reine Lehre der klassischen Reitkunst
Brunsbek: Cadmos, 2005

Waldemar Seunig
Von der Koppel bis zur Kapriole
4. Aufl. Zürich/Stuttgart
Fretz & Wasmuth Verlag, 1967

Gustav Steinbrecht
Das Gymnasium des Pferdes
3. Aufl. Brunsbek: Cadmos, 2004

CADMOS Pferdebücher

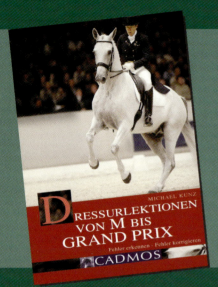

Michael Kunz
DRESSURLEKTIONEN VON M BIS GRAND PRIX

Dieses Buch widmet sich ausführlich den wichtigsten Dressurlektionen der Klassen M bis Grand Prix, beschreibt detailliert und verständlich korrekte Ausführung, typische Fehler und effektive Wege zur Korrektur.
Michael Kunz absolvierte 1974 im Alter von 24 Jahren als jüngster und lehrgangsbester Teilnehmer seine Meisterprüfung an der Westfälischen Reit- und Fahrschule in Münster und ist seitdem in verschiedenen großen Reitschulen tätig gewesen. Seine Schüler erreichten auf internationalen Turnieren Platzierungen bis zum Grand Prix.

160 Seiten, gebunden
ISBN 3-86127-409-4
€ 22,90 · € (A) 23,60 · SFR 39,90

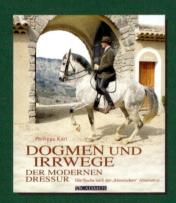

Philippe Karl
DOGMEN UND IRRWEGE DER MODERNEN DRESSUR

Philippe Karl, einer der mutigsten Kritiker einer Dressurwelt, für die ein Pferd „Material" ist und deren Ausbildungsmethoden einzig darauf abzielen, ein Pferd möglichst schnell in mit hohen Preisgeldern dotierten Prüfungen an den Start zu bringen, legt mit diesem Buch den Finger in die Wunde und zeigt neue Wege auf.

128 Seiten, gebunden
ISBN 3-86127-413-2
€ 36,00 · € (A) 37,00 · SFR 62,10

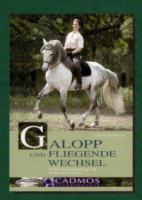

Ruth Giffels
GALOPP UND FLIEGENDE WECHSEL

Dieses Buch gibt Anleitungen zur systematischen Entwicklung des Galopps und der fliegenden Wechsel. Die Verfeinerung der Hilfengebung vom Anfang der Galoppentwicklung bis hin zu den Einerwechseln wird ausführlich beschrieben, damit Reiter und Pferde harmonischer zusammen finden.

112 Seiten, gebunden
ISBN 3-86127-395-0
€ 22,90 · € (A) 23,60 · SFR 39,90

Alfons J. Dietz
VON DER WEIDE ZUR VERSAMMLUNG

Alfons Dietz hat durch Jahrzehnte lange Schulung die Methoden der alten Meister und ihre Anwendung verinnerlicht und legt in diesem Buch einen klassischen Fahrplan zur Perfektion vor.

144 Seiten, gebunden
ISBN 3-86127-393-4
€ 29,90 · € (A) 30,80 · SFR 52,20

Cadmos Verlag GmbH · Im Dorfe 11 · 22946 Brunsbek
Tel. 04107 8517 0 · Fax 04107 8517 12
Besuchen Sie uns im Internet: **www.cadmos.de**
e-mail: info@cadmos.de

CADMO